AF260826

ص.ب: ٦٤١ ١١٩٤١   عمان – الأردن

هاتف: ٦٠٥٦١٦١ ٧٩ ٩٦٢+   –   ٥٣٤٩٠٧١ ٩٦٢+

البريد الإلكتروني:info@daralsedeeq\multfi@m-mult.com
alsedeeq@m-mult.com

المستوى الثالث – الجزء الثاني

المملكة الأردنية الهاشمية

رقم الإيداع لدى دائرة المكتبة الوطنية

٢٠٠٩/١٢/٥٣٤٦

يتحمل المؤلف كامل المسؤولية القانونية عن

محتوى مصنفه ولا يعبر هذا المصنف عن رأي دائرة

المكتبة الوطنية أو أي جهة حكومية أخرى.

الطبعة السابعة

سلسلة تنمية المهارات اللغوية للمبتدئين

صديقي في اللغة العربية

دار الصَّديق للنشر والتوزيع

المستوى الثاني – الجزء الثاني

تــــأليف

الدكتور فخري طمليه

أسماء عبد العزيز الجوريشي

التدقيق اللغوي: د.تسنيم عماد شيخ

التدقيق والإشراف العام: الدكتور فخري طمليه

المقدمة

إنه الجزء الثّاني من كتاب المستوى الثاني للمرحلة الأساسية الدّنيا ، والّذي هو من سلسلة كتب صديقي في اللغة العربية ، فجاء صادقًا وصديقًا مع الطفل ومع أفراد أسرته جميعًا .

فقد تضمن الكتاب نصوصًا هي موضوعات دروسه ، جاءت تحمل بين ثناياها مجموعةً من المعارف والقيم والاتجاهات التربوية الحياتية، تعيين الطّفل على تكوين أنماط سلوكيّة ، تساعد على أن يجد طريقه القويم في الحياة ، كما تزوده بأطراف المعرفة المنسجمة مع قدراته ، منها ما هو للأم والأسرة ، وآخر للوطن والاحتفال بالمناسبات القومية .

أما التدريبات، فجاءت فيما نعتقد ملبية لرغباته مثيرةً لاهتمامه ، محترمة عقله مقدرةً وجهة نظره فيما يقرأ ويسمع . كما جاءت مشجعة لمبادراته مشاركةً له في التَعلم ، طالبةً منه أن يبدي رأيًا ، أو يحُل مسألةً ، أو مشكلةً ، كما عمدت التّدريبات إلى أن تحمل طابع العمل الجماعي إلى جانب العمل الفردي ، ففي كثير منها، كان يطلب من الطَفل أن يتعاون مع صديقة لحل تدريبٍ معينٍ .

ولأنّ هذا الكتاب جاء ، صديقًا للأسرة فلم ينس أن يكون للأسرة فيه دور ، فهنالك قراءات للاستمتاع ، يقرؤها أفراد الأسرة مع الطَفل، فيضحكون من طرائفها ويستمتعون بحكمةٍ من حكمها، أو يقرؤون حكايةً تحمل قيم الخير والجمال.

أتمنى أن نكون قد أوفينا وعدنا، وأن نكون أصدقاء لكل من تعامل مع الكتاب سواء أكان معلّمًا أم تلميذًا أم وليَّ أمرٍ .

كما أتمنى أن نستمع إلى ملاحظاتكم الموضوعية

المهارات اللغوية و الإملائية للصف الثاني

الدرس التاسع :

المهارات اللغوية: التحليل والتركيب -استخدام نمط (أحسن ، إحسان) -ترتيب الكلمات للحصول على جملة اسمية وفعلية -استخدام (لا) الناهية (نمط) ١

الإمْلاء: كتابة (د ، ض) -كتابة الشدة ٥

الدرس العاشر

المهارات اللغوية: أدوات العطف (ب ، و) -التحليل والتركيب -لام السببية (السبب والنتيجة) -إعادة ترتيب الكلمات في الجملة ٦

الإمْلاء: كتابة (ط ، ظ) -حروف المد -ال (الشمسيّة والقمريّة)-الاسم الممدود(اء)-كتابة (ة ،ـة ، ه ،ـه) -أداة الاستفهام النقطة (.) ١٢

الدرس الحادي عشر :

المهارات اللغوية: التحليل والتركيب -إعادة ترتيب الجملة -المبتدأ والخبر (نمط) ١٥

الإمْلاء: كتابة (ح ، خ ، ج) -كتابة الهمزات (أ ،أْ) -كتابة التنوين ١٩

المراجعة الإملائية الأولى ٢٤

الدرس الثاني عشر :

المهارات اللغوية: الحصول على كلمات من كلمة واحدة -التحليل والتركِيب -اعادة ترتيب الجملة -إعادة ترتيب الجملة -ضمائر المخاطب (أنتَ ، أنتِ) ٢٧

الإمْلاء: كتابة (أ ، ع) -كتابة (ى ،ي) -استخدام كلمات الشكر والامتنان والترحيب ٣١

الدرس الثالث عشر:

المهارات اللغوية: استخدام النمط (جلس ، جالس) -استخدام لا الناهية (نمط) -التحليل والتركيب -الحصول على كلمات من كلمة -أسماء الإشارة (هذا ، هذه)- جمع التكسير (نمط) (قارب ، قوارب) ٣٧

الإمْلاء: أل (الشمسيّة والقمريّة) -كتابة التنوين ٤٢

الدرس الرابع عشر :

المهارات اللغوية : التحليل والتركيب -إعادة ترتيب الجملة -التذكير والتأنيث في الأفعال ٤٦

ج

في الإِمْلاء: كتابة (ف ، ق) -الشدة -كتابة (ة ، ــة ، ت) -كتابة ال (أ) ٥١

الدرس الخامس عشر :

المهارات اللغوية :التحليل والتركيب -جمع المذكر السالم -جمع التكسير (نمط) (مصباح ، مصابيح)-ضمائر الغائب (هو ، هي ، هم) ٤٧

الإِمْلاء : كتابة (ض ، ظ)-تنوين الفتح ، بشكل كامل أي مع التاء المربوطة والأسماء الممدودة ٥٢

المراجعة الإملائية الثانية ٥٥

الجزء السادس عشر :

المهارات اللغوية :التحليل والتركيب -ترتيب الجملة -كتابة فقرة من مجموعة جمل -الترتيب (الأول ، الثاني ، الثالث) ٥٧

الإِمْلاء: تغيير معنى الكلمة بتغيير تشكيلها-اللام الشمسيّة والقمريّة -الشدة ٦١

الدرس السابع عشر :

المهارات اللغوية : التحليل والتركيب - ترتيب الجملة-جمع التكسير (نمط) (موسم ، مواسم)- ٦٣

الإِمْلاء: الشدة -إضافة (ال) على الكلمة ٦٧

المراجعة العامة ٧٠

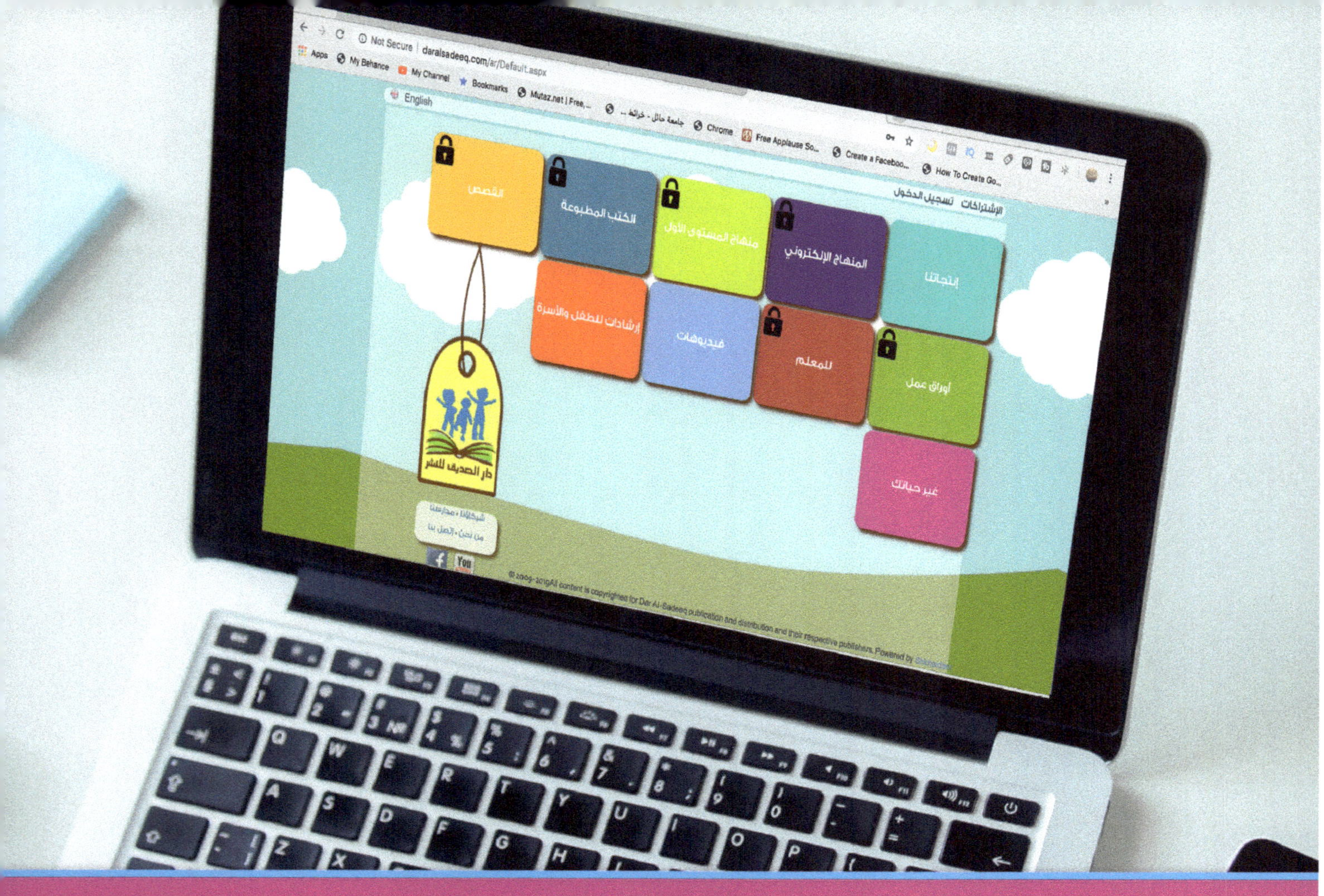

يتميز موقعنا الإلكتروني التفاعلي بتوفير

- كتب تفاعلية للصف الأول -التدريبات -الإملاء -القراءة

- كتب تفاعلية للصف الثاني والثالث

- قصص للمستوى الأول: (مبتدئ -متوسط - متقدم)

- قصص من المستوى الثاني إلى الثامن

- بالإضافة إلى الكثير من الموضوعات التي تختص بالأسرة

في موقعنا الإلكتروني تجد الفائدة لكل أفراد الأسرة

التطبيقات

في اللُّغَةِ :

١ أَخْتارُ الْكَلِمَةَ الْمُناسِبَةَ وَأَمْلأُ الْفَراغَ :

| دَرَسَ | ضِرْسُ | ضَرَبَ | دَرْبٍ | عَضَّ | عَدَّ |

١ .... السّارِقُ الْكَلْبَ ، ثُمَّ رَكَضَ في .... طويل .

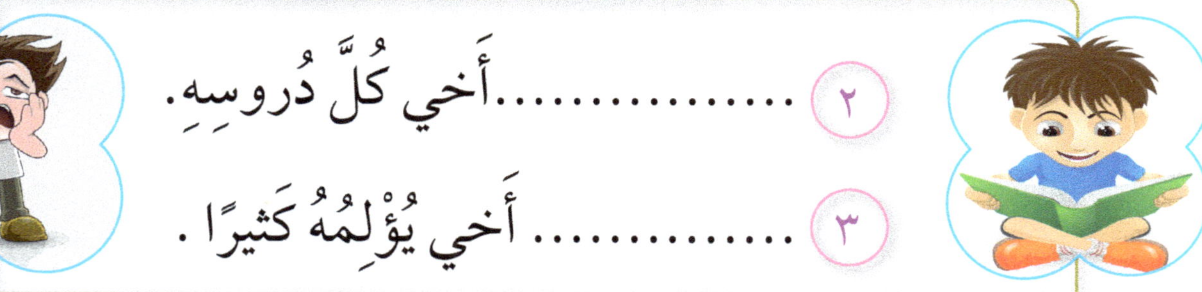

٢ .... أَخي كُلَّ دُروسِهِ .

٣ .... أَخي يُؤْلِمُهُ كَثيرًا .

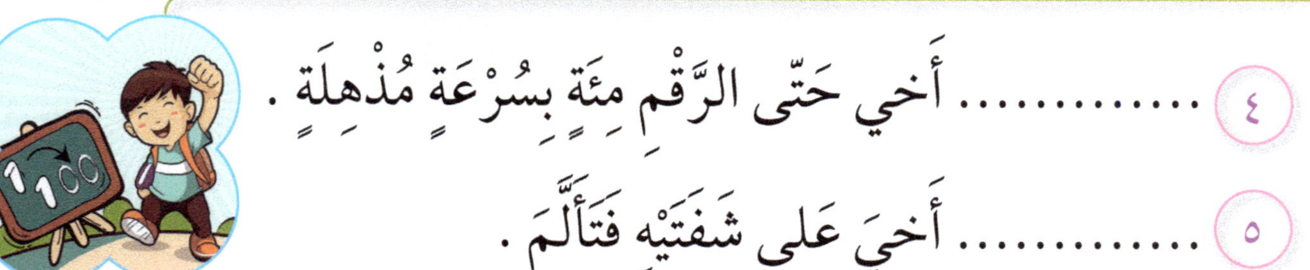

٤ .... أَخي حَتَّى الرَّقْمِ مِئَةٍ بِسُرْعَةٍ مُذْهِلَةٍ .

٥ .... أَخي عَلى شَفَتَيْهِ فَتَأَلَّمَ .

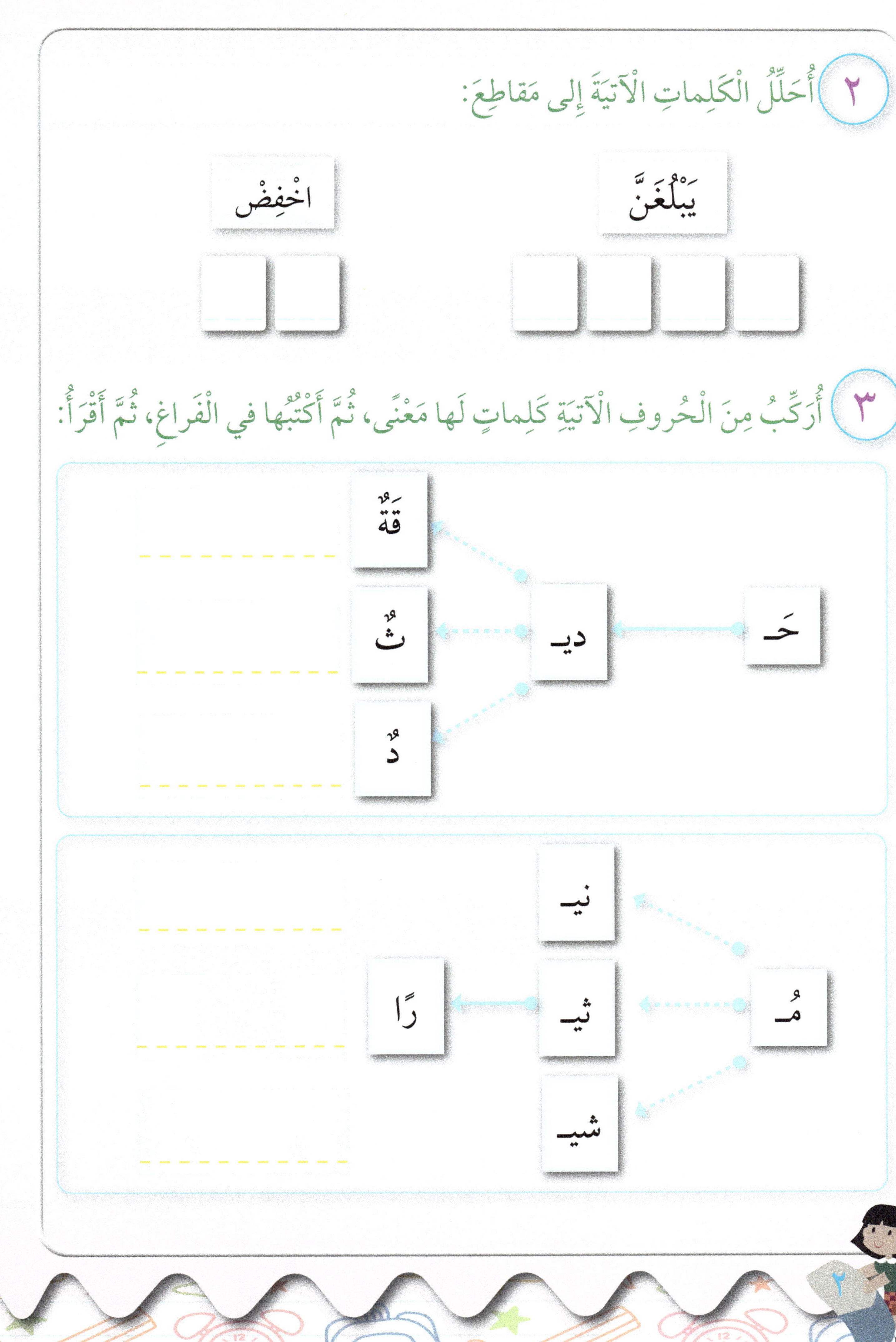

٢ أُحَلِّلُ الْكَلِماتِ الْآتِيَةَ إِلى مَقاطِعَ:

يَبْلُغَنَّ

اخْفِضْ

٣ أُرَكِّبُ مِنَ الْحُروفِ الْآتِيَةِ كَلِماتٍ لَها مَعْنًى، ثُمَّ أَكْتُبُها في الْفَراغِ، ثُمَّ أَقْرَأُ:

قَةٌ

ثٌ

دٌّ

دي

حَـ

نيـ

ثيـ

شيـ

رًا

مُـ

٤ أَقْرَأُ الْجُمَلَ الْآتِيَةَ وَأَنْتَبِهُ إِلَى الْكَلِمَةِ الَّتِي تَحْتَهَا خَطٌّ، ثُمَّ أُجْرِي التَّغْيِيرَ اللَّازِمَ عَلَيْها وَأَكْتُبُها فِي الْفَرَاغِ.

١ <u>أَحْسَنَ</u> أَبِي إِلَى الْفَقِيرِ بِأَنْ قَدَّمَ لَهُ الطَّعامَ وَالشَّرابَ، شَكَرَتْ أُمِّي أَبِي وَقالَتْ لَهُ: كانَ هذا الْعَمَلُ ....إِحْسانًا... كَبِيرًا.

٢ <u>أَكْرَمَ</u> عَمِّي الضَّيْفَ، .... عَظِيمًا.

٣ <u>أَخْبَرَ</u> جَدِّي جَدَّتِي عَنْ ذِكْرَياتِهِ الْمُشَوِّقَةِ، وَكانَ .... مُشَوِّقًا.

٤ <u>أَخْرَجَ</u> رِجالُ الْإِطْفاءِ سُكّانَ الْمَبْنى، وَكانَ .... سَرِيعًا.

٥ أَقْرَأُ الْكَلِماتِ التَّالِيَةَ، ثُمَّ أُرَكِّبُ مِنها جُمْلَتَيْنِ، الْجُمْلَةُ الْأُولى مُنَقَّطَة وَالْجُمْلَةُ الثَّانِية بِدون نِقاط:

مَساءٌ	قَدَّمَ	رائد	مَسْرَحِيَّة	صَفُّنا	دَرَسَ	جَمِيلَة	تَلامِيذُ

الْجُمْلَةُ الْأُولى مُنَقَّطَة

قَدَّمَ ____________________________

وَالْجُمْلَةُ الثَّانِية بِدون نِقاط:

دَرَسَ ____________________________

٣

٦ ابْتَدَأَتِ الْجُمَلُ الْآتِيَةُ بِحَرْفِ (لا)، في بَعْضِها أَعْطَتْنا مَعْلومَةً ، وَفي بَعْضِها الْآخَرِ كانَتْ تَحْذيرًا وَنَهْيًا عَنِ الْقِيامِ بِعَمَلٍ ما. أَنْقُلُ رَقَمَ الْجُمْلَةِ إِلى الْمَكانِ الصَّحيحِ في الْجَدْوَلِ .

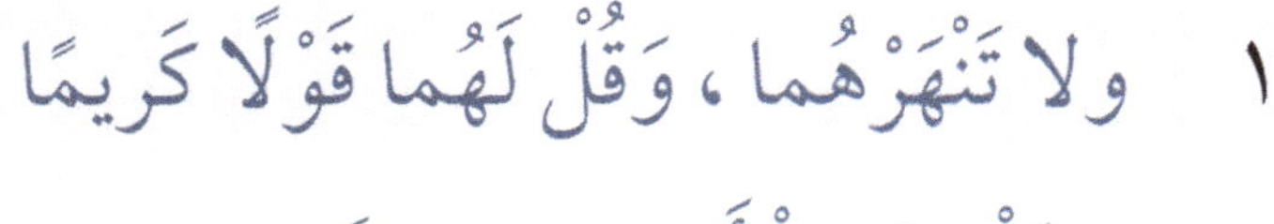

١ ولا تَنْهَرْهُما ، وَقُلْ لَهُما قَوْلًا كَريمًا

٢ لا تَلْعَبْ بِالْأَدَواتِ الْحادَّةِ يا رامي .

٣ لا مَجْدَ إِلّا مَعَ الْعَمَلِ وَالْجِدِّ .

٤ لا نِهايَةٌ بِدونِ بِدايَةٍ .

٥ لا تَجْلِسْ طَويلًا أَمامَ الْأَلْعابِ الْإِلِكْترونِيَّةِ .

لا : تَنْهانا عَنِ الْقِيامِ بِعَمَلٍ ما	لا : تُعْطينا مَعْلومَة

أَحْبابي: هَلْ تَلْتَزِمونَ بِالنَّواهي الْمُوَضَّحَةِ في الْجُمَلِ السّابِقَةِ ......

وَهَلْ أَنْتُمْ مُقْتَنِعونَ بِالْمَعْلومَةِ في الْجُمَلِ السّابِقَةِ ....

١) أَقْرَأُ الْجُمَلَ الآتِيَةَ وَأَكْتُبُ الشَّدَّةَ حَيْثُ يَلْزَمُ عَلَى الْكَلِمَةِ الْمُلَوَّنَةِ :

سلمْت يَداكِ يا جَدَّتي .   ❁   سَلمْت عَلَى عَمي الْمُسافِرِ .

وقع الْمُدِيرُ الْوَرَقَةَ .   ❁   وقع سامِرٌ عَلَى الْأَرْضِ .

سبح بِحَمْدِ رَبّكَ الَّذي خَلَقَ .   ❁   سبح مُحَمَّدٌ في الْبَحْرِ .

٢) أَخْتارُ الشَّدَّةَ مَعَ الْحَرَكَةِ الصَّحيحَةِ، وَأَضَعُها فَوْقَ الْحَرْفِ حَيْثُ يَلْزَمُ في الْكَلِماتِ التَّالِيَةِ كَما في الْمِثالِ :

| تَدرب | رَسام | يُحب | الرياضَة |
| النجار | الْحاج | الكشاف | مُعَلم |

في اللُّغَةِ :

١ أَقْرَأُ الْجُمَلَ الآتِيَةَ وَأَكْتُبُ الْحَرْفَ النّاقِصَ وَحَرَكَتَهُ (ط ، ظ) في الْفَراغِ لِيَتِمَّ الْمَعْنى :

الــ......اووسُ مِنْ أَجْمَلِ الـ......يورِ .

يَسْتَيْقِــ..... الــ.....الِبُ مُبَكِّرًا .

ساحَةُ الْمَدْرَسَةِ نَـ......يفَةٌ .

.....ريقُ الْمَطارِ واسِعَةٌ

٢ أُعِيدُ تَرْتِيبَ الْكَلِمَاتِ لِأُكَوِّنَ مِنْها جُمْلَتَيْنِ مُفِيدَتَيْنِ:

كوبَ   يَشْرَبُ   حَلِيبٍ   طَلالٌ   يَوْمٍ   كُلَّ

----

٣ أُفَرِّقُ في الْمَعْنَى بَيْنَ الْكَلِمَتَيْنِ الْمُتَشَابِهَتَيْنِ في الشَّكْلِ في الْجُمَلِ الْآتِيَةِ :

جَلَسَ الْمُزَارِعُ تَحْتَ ظِلِّ الشَّجَرَةِ .   ظَلَّ الطَّالِبُ نَشِيطًا طَوالَ الْيَوْمِ.

يُمارِسُ حامِدٌ تَمارِينَ قَلِيلَةً كُلَّ صَباحٍ.   حَلَّ زَيْدٌ تَمارِينَ الدَّرْسِ الْجَدِيدِ

عَلى ظَهْرِ الْجَمَلِ سَنامٌ.   ظَهَرَ الْقَمَرُ في السَّماءِ.

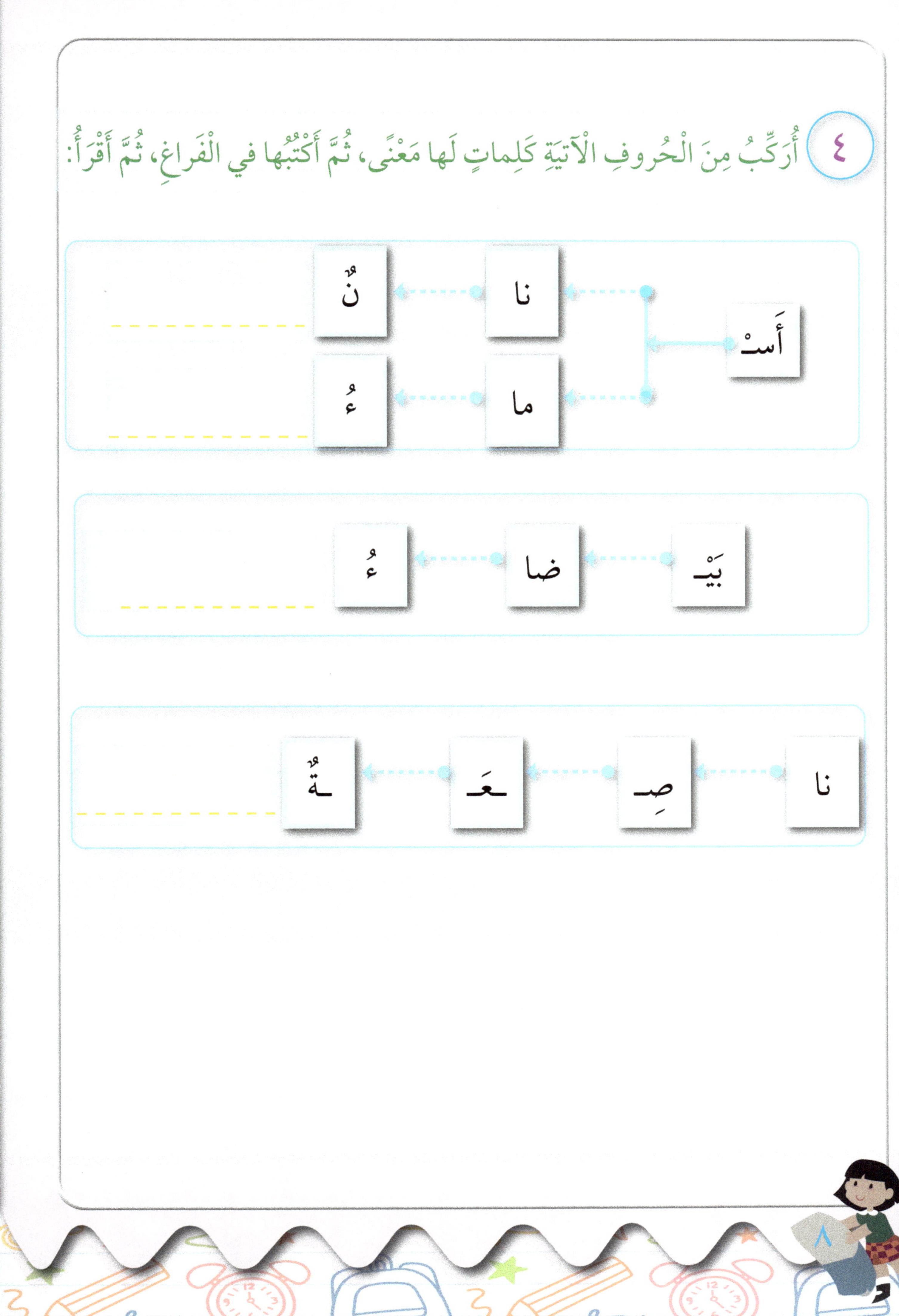

٤
أُرَكِّبُ مِنَ الْحُروفِ الآتِيَةِ كَلِماتٍ لَها مَعْنًى، ثُمَّ أَكْتُبُها في الفَراغِ، ثُمَّ أَقْرَأُ:
نْ
نا
أَسْ
ءُ
ما
ءُ
ضا
بَيْ
ـة
عَ
صِـ
نا
٨

٥ أَصِلُ كُلَّ كَلِمَةٍ في السَّطْرِ الْأَوَّلِ بِعَكْسِها في السَّطْرِ الثَّاني كَما في الْمِثالِ :

بَشِعٌ   كَثيرٌ   نَشيطٌ   مُبَكِّرٌ   سَوْداءُ

قَليلٌ   كَسولٌ   بَيْضاءُ   جَميلٌ   مُتَأَخِّرٌ

٦ أُحَلِّلُ الْكَلِماتِ الْآتِيَةَ إِلى مَقاطِعَ :

يَسْتَيْقِظُ   يَشْرَبُ

أَقْرَأُ السُّؤَالَ الآتِيَ وَأُلاحِظُ الإِجابَةَ، ثُمَّ أُجيبُ عَنِ الأَسْئِلَةِ التي تَليهِ مُسْتَخْدِمًا الفِعلَ الْمُناسِبَ، كَما في المِثالِ :

يَظَلَّ   يَشْفى   يَأْكُلَ   تَنْجَح

السُّؤال: لِماذا يَتَناوَلُ طَلالٌ فَطورَهُ كُلَّ يَوْمٍ ؟

الإِجابَة: لِيَظَلَّ نَشيطًا .

السُّؤال: لِماذا تَقْرَأُ لُبنى دُروسَها ؟

الإِجابَة: لِـ................في الامْتِحانِ .

السُّؤال: لِماذا يَزْرَعُ الفَلاحُ أَرْضَهُ ؟

الإِجابَة: لِـ................مِن ثِمارِها.

عَلَى اللَّوْحِ مَجْموعَةٌ مِنَ البِطاقاتِ الْمُبَعْثَرَةِ، عَلَيْها كَلِماتٌ، أُرَتِّبُها لِأَحْصُلَ عَلى جُمْلَةٍ مُفيدَةٍ: وَلا أَنْسى وَضْعَ النُّقْطَةِ في نِهايَةِ الْجُمْلَةِ بَعْدَ تَرْتيبِها لِأَنَّ النُّقْطَةَ تَدُلُّ عَلى نِهايَةِ الْجُمْلَةِ .

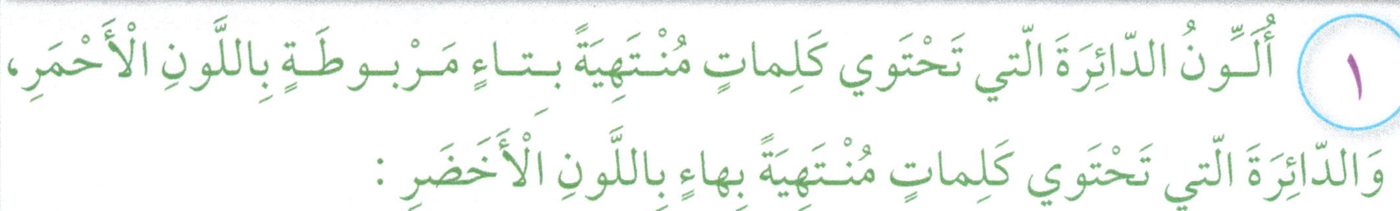

١ أَلَوِّنُ الدَّائِرَةَ الّتي تَحْتَوي كَلِماتٍ مُنْتَهِيَةً بِتاءٍ مَرْبوطَةٍ بِاللَّونِ الْأَحْمَرِ، وَالدَّائِرَةَ الّتي تَحْتَوي كَلِماتٍ مُنْتَهِيَةً بِهاءٍ بِاللَّونِ الْأَخْضَرِ :

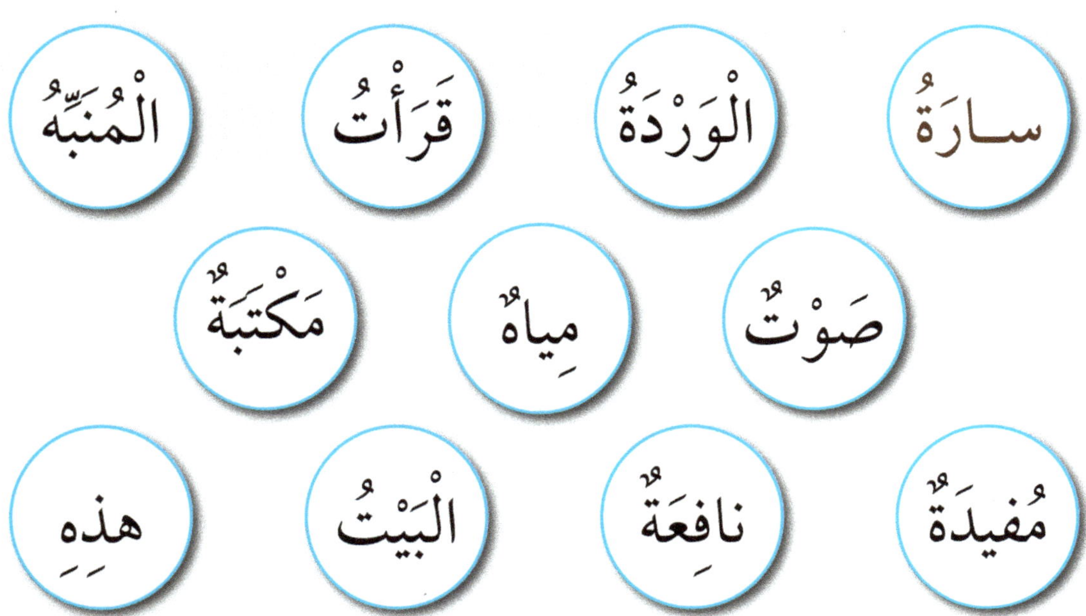

٢ أَمْلَأُ الفَراغَ بِالحَرْفِ المُناسِبِ (ة ، ه) :

١ حَكَتْ لَنا جَدَتي حِكايَـ.. قَديمَـ..، عَنْ خالِنا عَزيز وَرَحَلاتِـ..الطَّويلَـ...

٢ فَقَدْ سافَرَ يَوْمًا إِلى بِلادٍ بَعيدَ ..

٣ وَ بَعْدَ عِشْرينَ عاما عادَ إِلى قَرْيَتِـ..الصَّغيرَ...

٤ فَقَبَّلَ أَرْضَـ..قائِلًا: لَقَدْ زُرْتُ أَوْطانًا كَثيرَ...، وَلكِنّي لَمْ أَجِدْ أَرْضًا مِثْلَك.

٣ أَرْسُمُ دَائِرَةً حَوْلَ الْهَمْزَةِ (ء)، وَأَكْتُبُها في الدَّائِرَةِ كَما في الْمِثالِ

سَوْداءُ   أُسْرَةٌ   ء

ميناءٌ   دَواءٌ   تَيْماءُ

إِبْرَةٌ   أَسَدٌ   فَأْسٌ

٤ أُلَوِّنُ شَكْلَ الشَّمْسِ بِجانِبِ الْكَلِمَةِ التي تَشْتَمِلُ لامًا شَمْسِيَّةً، وَأَضْبِطُها
بِالشَّكْلِ وَأَسْتَخْدِمُ بَعْضَها في جُمْلَةٍ مُفيدَةٍ :

الرِّياضَةُ   الْحَليبُ   الْحَياةُ   الْجِسْمُ   الصَّباحُ   النَّظافَةُ

التَّمْرينُ   الدِّفْءُ   الثَّعْلَبُ   الزُّبْدَةُ   الذِّئْبُ   النَّشيطُ

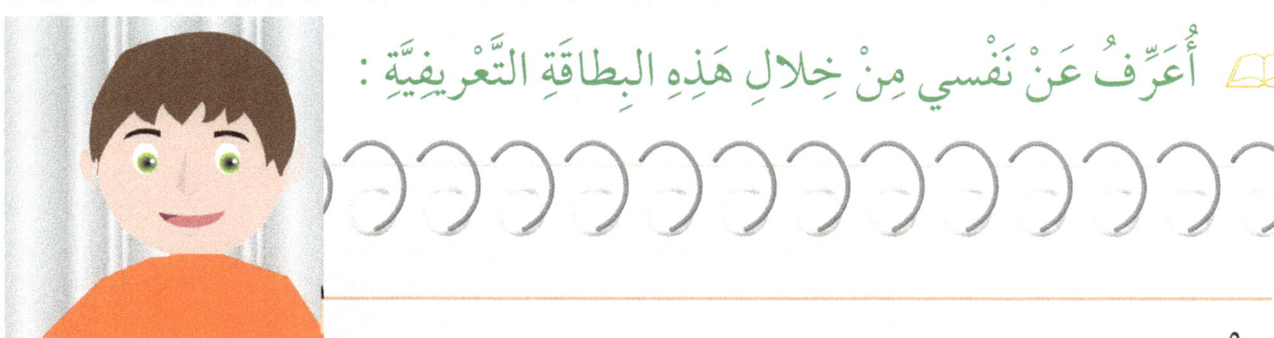

أُعَرِّفُ عَنْ نَفْسِي مِنْ خِلالِ هَذِهِ البِطاقَةِ التَّعْريفِيَّةِ :

الاسْمُ :

تاريخُ الميلادِ :   مَكانُ الْميلادِ :

عَدَدُ أَفْرادِ الأُسْرَةِ :   مَكانُ السَّكَنِ :

الْمَدْرَسَةُ التي أَدْرُسُ فيها :

الصَّفُّ :   الْهِوايَةُ :

مَنْ قُدْوَتي في الْحَياةِ، وَلِماذا؟

ماذا أُحِبُّ أَنْ أَدْرُسَ في الْمُسْتَقْبَلِ، وَلِماذا؟

الدَّرْسُ الحادي عَشَرَ

في اللُّغَةِ :

١ أُكْمِلُ الْجُمَلَ الآتِيَةَ بِواحِدَةٍ مِنَ الْكَلِماتِ الْمُتَجاوِرَةِ، وَ أَقْرَأُ لِأَحْصَلَ عَلى جُمْلَةٍ مُفيدَةٍ .

خُلُقٌ	حَلَقٌ	الصِّدْقُ .... علينا التَّحلي بِهِ .

نَحيلٍ	نَخيلٍ	في العقبةِ أشجارُ .... كثيرةٌ .

خالي	حالي	أُحِبُّ ابنَ .... كثيرًا .

٢ أُحَلِّلُ الْكَلِماتِ الآتِيَةَ إِلى مَقاطِعَ :

١٥

٣ أُرَكِّبُ مِنَ الْمَقَاطِعِ الْآتِيَةِ كَلِمَاتٍ، ثُمَّ أُرَتِّبُ الْكَلِمَاتِ لِكَيْ أَحْصُلَ عَلَى جُمْلَةٍ مُفِيدَةٍ .

الشِّـ با كَ ____ وَ ضَـ عَ

الشُّـ بّا كِ ____

الصَّـ يّا دُ ____ عِنْ دَ

____

٤ أَصِلُ كُلَّ صُورَةِ حَيَوانٍ بِالصَّوتِ الدَّالِ عَلَيْهِ :

صَهيلُ   فَحيحُ

زَئيرُ   نُباحُ

 أَضَعُ الْحَرَكَاتِ الْمُنَاسِبَةِ عَلَى الْحَرْفِ الْمُنَاسِبِ، ثُمَّ أَكْتُبُهَا في الْفَرَاغِ الْمُنَاسِبِ لَهَا في الْجُمَلِ الآتِيَةِ:

الظهر

📖 وَقْتُ .... تَكونُ الشَّمْسُ في وَسَطِ السَّماءِ.

📖 يُعاني المَريضُ مِنْ آلامِ ....

ملك

📖 الأَسَدُ .... الْغابةِ .

📖 هذهِ الأَرْضُ .... لِصاحِبها .

أَخْتَارُ الْكَلِمَةَ الْمُنَاسِبَةَ وَأَمْلَأُ الْفَرَاغَ:

| صَوْت | شَعْر | طَويل | أَبْيَض | ذَيْل |

للفيل خرطومٌ طويلٌ.

للأسدِ .... كَثيفٌ.

لِلْعُصفورِ .... جَميلٌ.

لِلْكَلْبِ .... قَصيرٌ.

لِلْفَأْرِ ذيلٌ ....

لِلْخَروفِ صوفٌ ....

نَشاطٌ إِثْرائيٌّ

هَمْزَةُ الْوَصْلِ وَهَمْزَةُ الْقَطْعِ :

أَضَعُ هَمْزَةَ الْوَصْلِ أَوِ الْقَطْعِ (أ ، ا) في الْفَرَاغِ:

❀ ...ختي صَغيرةٌ جِدًّا وَتُحِبُّ ...نْ ..لْعَبَ مَعَها.

❀ ...سْتِعانَ الطّالِبُ بِصَديقِهِ في حَلِّ السُّؤالِ .

❀ ..حْذَرْ عِنْدَ عُبورِ الشّارِعِ يا سَعْدُ.

١ - أُلَاحِظُ الْكَلِمَاتِ الْآتِيَةَ :

رَأْس	فَأْس
زَأر	رَأَى
امْرَأَة	مَسْأَلَة

٢ - أَقْرَأُ الْكَلِمَاتِ الْآتِيَةَ وَأَضَعُ إِمَّا (أَ) أَوْ (أْ) فِي الْفَرَاغِ :

جُرْ..ة	تَـ..خُذُ	قَرَ..تُ	شَـ..نْ

مَـ..زِقٌ	يَـ..تِي	تَـ..قْلَمَ

نَشْ..ةٌ	مَسْ..لَةً	مُتَـ..ثِّرٌ

١ أَقْرَأُ الْكَلِماتِ الْآتِيةَ :

| الْمَدْرَسَةِ | مَدْرَسَةٍ | التِّلْميذِ | تِلْميذٍ | الْكِتابِ | كِتابٍ |

| الْمَدْرَسَةُ | مَدْرَسَةٌ | التِّلْميذُ | تِلْميذٌ | الْكِتابُ | كِتابٌ |

٢ أَقْرَأُ الْجُمَلَ الْآتِيةَ وَأَنْتَبِهُ إِلى لَفْظِ الْحَرْفِ آخِرَ الْكَلِمَةِ :

| عِلْمٌ مَفيدٌ | أُسْرَةٌ سَعيدَةٌ | بَيْتٌ صَغيرٌ |

؟ أَسْتَنْتِجُ:

التَّنْوينُ: نونٌ ساكنةٌ أَلْفِظُها بَدَلَ الضَّمَّةِ الثَّانِيةِ أَوِ الْكَسْرَةِ الثَّانِيةِ عَلى آخِرِ الاسْمِ لكِنْ لا أَكْتُبُها .

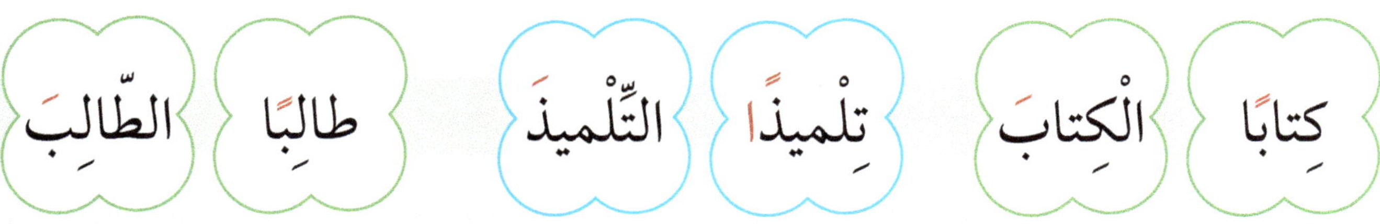

كَيْفَ تَلْفِظُ التَّنْوينَ في آخِرِ كُلِّ كلمةٍ ؟

ما الْحَرْفُ الذي أَلْفِظُهُ آخِرَ الْكَلِمةِ التي تَنْتَهي بِتَنْوينٍ ؟

هلْ أَكْتُبُ هذا الْحَرْفَ ؟

أَسْتَنْتِجُ :

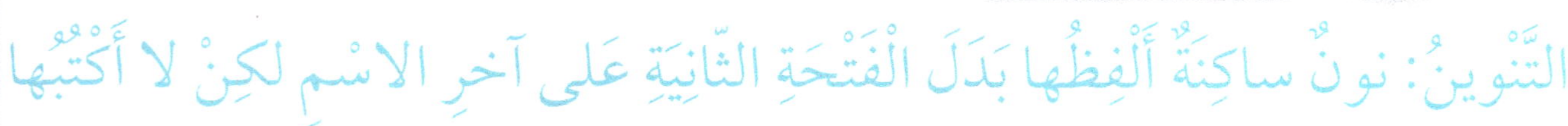

التَّنْوينُ: نونٌ ساكِنةٌ أَلْفِظُها بَدَلَ الْفَتْحَةِ الثّانِيَةِ عَلى آخِرِ الاسمِ لكِنْ لا أَكْتُبُها.

أَرْسُمُ فيهِ تَنْوينَ الْفَتْحِ عَلى نِهايَةِ الْكَلِمةِ وَأُتْبِعُها بِأَلِفٍ في مُعْظَمِ الْكَلِماتِ.

٤ أُدْخِلُ تَنْوِينَ الضَّمِّ ثُمَّ تَنْوِينَ الْفَتْحِ ثُمَّ تَنْوِينَ الْكَسْرِ عَلَى الْكَلِمَاتِ الآتِيَةِ ثُمَّ أَقْرَأُ:

تَنْوِين كَسْرٍ | تَنْوِين فَتْحٍ | تَنْوِين ضَمٍّ

كِتاب
سور
بَيْت
توت
مُعَلِّم
صاروخ

٥ أَضَعُ تَنْوِينَ الْفَتْحِ عَلَى آخِرِ الْكَلِمَاتِ الْمُلَوَّنَةِ ثُمَّ أُكْتُبُها. وَ أَزِيدُ أَلِفًا عِنْدَ الْحاجَةِ:

١- كَتَبْتُ مَوْضوع شَيِّق.

٢- حَمَلْتُ صُنْدوق كَبير.

٣- رَأَيْتُ جَبَل مُرْتَفِع.

لا تَنْسى إِضافَةِ الْأَلِف في آخِرِ الْكَلِمَةِ، وَتَنْوِينَ الْفَتْحِ عَلَى الْحَرْفِ الْأَخِيرِ مِنْها

أَكْتُبُ جُمَلًا عَنِ الأَشْياءِ الّتي أُحِبُّ القَيامَ بِها في وَقْتِ فَراغي ثُمَّ أَرْسُمُها :

١ أَقْرَأُ الْجُمَلَ الْآتِيَةَ وَأَفْهَمُ مَعْناها ، ثُمَّ أَضَعُ (الشَّدة) عَلَى الْكَلِماتِ الَّتي تَحْتَها خَطٌّ إِنْ لَزِمَ:

أُحِبُّ مُعَلِّمَ الْحِسابِ.   مَدينَةُ الْبَتْراءِ مَعْلَمٌ سِياحِيٌّ مُهِمٌّ.

عَلَمُ بِلادي يُرَفْرِفُ عالِيًا.   عَلَّمَ أَبي أَخي دَرْسَ الْعُلومِ.

كَرَّمَ مُديرُ مَدْرَسَتي الطُّلابَ الْمُتَفَوِّقينَ.   كَرَمُ طالِبٌ ذَكِيٌّ.

نِعَمُ الله تَعالى في الْبَرِّ وَالْبَحْرِ.   الْبِرُّ بِالْوالِدَيْنِ مِنْ تَقوى الله تَعالى.

٢ أَكْتُبُ (ـة ، ـه ، ة ، ه) في الْفَراغِ، لِأَحْصُلَ عَلى كَلِمَةٍ ذاتَ مَعْنى :

عِنْدي هِرَّ... بُنَيَّ... جَميلَـ... ، وَأَخي عِنْدَ... قِطٌّ شَعْرُ...
كَثيفٌ أَبْيَضُ ، عَيْنا... زَرْقاوانِ ، وَجِسْمَـ... سَمينٌ ، اشْتَرَيْتُ
لِـ...رَتي عُبُوَّ... ماءٍ خاصَـ...، وَلِقِطَّ أَخي عُبُوَّ... أُخْرى

٣ أَرْسُمُ عَلامَةَ التَّرْقيمِ الْمُناسِبَةَ في الْمُرَبَّعِ الْأَخْضَرِ في آخِرِ الْفِقْرَةِ السّابِقَةِ

٥ أَقْرَأُ الْجُمَلَ الْآتِيَةَ وأَضَعُ (أَ ، أْ) في الْفَراغِ .

تَـ..كَّدْ من حَلِّكَ للواجِبِ .   يَـ..ثَمُ العاصي .

بَدَ..تُ في عَمَلي الآنَ .   صَديقٌ مَـ..مون طَيِّبُ الْقَلبِ .

عَن مَاذا تَسْـ..لُ يا مُحَمْد .   فَجْـ..ةً شَعَرْتُ بِفَرَحٍ شَديدٍ .

أَضَعُ تَنْوِينَ الْفَتْحِ في آخِرِ الْكَلِماتِ، ثُمَّ أَقْرَأُ وَأُعيدُ كِتابَتَها:

ـــــــــ	حِصان	ـــــــــ	جَمَل
ـــــــــ	حِمار	ـــــــــ	كَلْب
		ـــــــــ	خَروف

أَصْدِقائي الْأَطْفالُ:

الْحَيَواناتُ في السُّؤالِ السّابِقِ هي حَيواناتٌ ـــــــــــــــــــ

في اللُّغَةِ :

١ أَقْرَأُ وَأَخْتَارُ مِنَ الْكَلِماتِ الْمُجاوِرَةِ الْكَلِمَةَ الْمُناسِبَةَ لِأَمْلَأَ الْفَراغَ :

تَقْرَعُ	تَقْرَأُ	.... الطّالِبَةُ الْكِتابَ .
الْأَلَمِ	الْقَلَمِ	يُعاني الْمَريضُ مِن ....
رَأَى	رَعى	.... الْفَلّاحُ أَغْنامَهُ .

٢ أَرْسُمُ دائِرَةً حَوْلَ الْكَلِماتِ الَّتي جاءَ بِها حَرْفٌ مُكَرَّرٌ، وَأَسْتَخْدِمُ كَلِمَتَيْنِ مِنْهما في جُمْلَةٍ مُفيدَةٍ :

الْكِتابُ	صَداقَةٌ	اخْتارَتْ	صَديقي	يَفْرَحُ	قَليلٌ

٤ أُحَلِّلُ الْكَلِماتِ الْآتِيَةَ إِلى مَقاطِعَ :

أَصْدِقاءُ

أَصابَ

أُرَكِّبُ مِنَ الْكَلِماتِ الْآتِيَةِ مَقاطِعَ وَأَكْتُبُها :

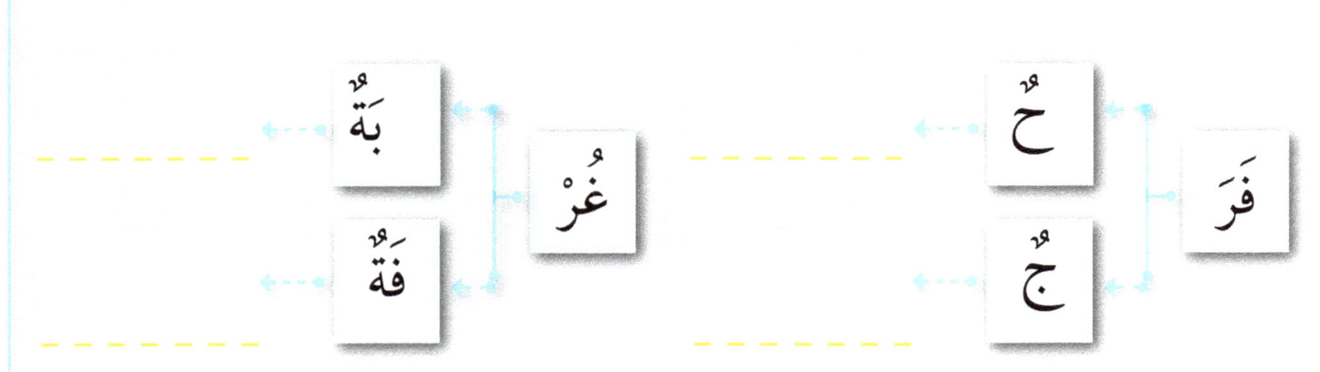

٦

أُعيدُ تَرْتيبَ الْكَلِماتِ الْآتِيَةِ لِأُكَوِّنَ مِنها جُمْلَتَيْن مُفيدَتَيْن.

يَقْرَأُ   الْجَريدة   في   أَبي   الصَّباح

١- يَقْرَأُ

٢- أَبي

أَرْنوبٌ يُحِبُّ أَنْ يُخاطِبَ أَصْدِقاءَهُ الْأَطْفال بِأَسْمائِهِم
ساعِدْهُ في ذلِكَ بِاخْتِيارِ الْكَلِمَةِ الَّتي تُكْمِلُ الْعِبارَة؟

أَنتِ
أَنتَ
أَنتُما
أَنتُما
أَنتُم
أَنتُنَّ
سارَة
مُحَمَّد
مايا
تالا
وَهاشِم
مُحَمَّد
مُحَمَّد
وَعُمَر
وَهاشِم
مايا
تالا
نادية

٧ أَمامي مُهَنْدِسونَ مُبْدِعونَ، سَوْفَ أُوَجِّهُ لَهُمْ إِعْجابي بِاخْتِيارِ الْكَلِمَةِ الْمُناسِبَةِ وَكِتابَتِها في الْفَراغِ:

أَنْتُمْ

أَنْتُما

أَنْتَ

.... مُهَنْدِسٌ مُبْدِعٌ .
.... مُهَنْدِسونَ مُبْدِعونَ.
.... مُهَنْدِساتٌ مُبْدِعاتٌ

أَنْتِ

أَنْتُنَّ

أَنْتُما

.... مُهَنْدِسَةٌ مُبْدِعَةٌ .
.... مُهَنْدِسَتانِ مُبْدِعَتانِ .
.... مُهَنْدِسانِ مُبْدِعانِ .

في الْإِمْلاءِ :

١ أَضَعُ (ي) أَوْ (ى) في الْفَراغِ الْمُناسِبِ لَها :

صَديقـ...   مُصْطَفـ...   عيسـ...   موسـ...

الرّاعـ...   القاضـ...   غالـ.....

📖 أَرْسُمُ دائِرَةً حَوْلَ أَداةِ النِّداءِ في الْفِقْرَةِ الآتِيَةِ :

تَصْحو أُمّي الْحَبيبَةُ كُلَّ صَباحٍ، وَتُنادي عَلَيْنا كَيْ نَصْحُوَ مِنَ النَّوْمِ، وَنَسْتَعِدَّ لِلذَّهابِ إِلى الْمَدْرَسَةِ .

إِلَيْكُمْ أَحِبَّتي هذا الْمَشْهَدَ الصَّباحِيَّ الْمُتَكَرِّرَ مَعَ أُمّي الْحَبيبَةِ:

هَيّا يا أَوْلادي الأَحِبّاءُ: اصْحوا مِنْ نَوْمِكُمْ لَقَدْ حانَ مَوْعِدُ الْمَدْرَسَةِ.

يا رامي : لا تَنْسَ أَنْ تَغْسِلَ وَجْهَكَ وَأَسْنانَكَ .

يا تالَةُ: خُذي وَجْبَةَ طَعامِكِ .

يا مُحَمَّدُ وَناديَةُ: اشْرَبا الْحَليبَ .

وَنَحْنُ جَميعًا لا نَنْسى قُبْلَةَ ماما قَبْلَ الذَّهابِ إِلى الْمَدْرَسَةِ.

دَخَلَتِ الأُمُّ إِلى الْبَيْتِ وَشاهَدَتْ هذِهِ الْمَناظِرَ الرّائِعَةَ، لِنُساعِدَ الأُمَّ في التَّعْبيرِ عَمّا شاهَدَتْهُ بِكِتابَةِ جُمْلَةٍ تَحْتَ كُلِّ صورَةٍ مُسْتَفيدًا مِن ضَمائِرِ الْمُخاطَبِ الَّتي تَعَلَّمْتُها سابِقًا، ثُمَّ أَخْتارُ عِنْوانًا مُناسِبًا لَها .

① أَنْتَ يا رامي اجْمَعْ أَلْعابَكَ

②

③

④

⑤

⑥

في اللُّغَةِ :

١) أَقْرَأُ الْكَلِماتِ داخِلَ الأَشْكالِ وَأَضَعُها في مَكانِها لِأَحْصَلَ عَلى جُمْلَةٍ مُفيدَةٍ:

.... الأَسَدُ الغَزالَ .

قاتَلَ — قَتَلَ

.... الجُنودُ بِشَجاعةٍ .

.... الطَّالِبُ العُلَماءَ .

جالَسَ — جَلَسَ

.... الوَلَدُ .

.... الطِّفْلُ مَعَ والِدَيْهِ .

مازَحَ — مَزَحَ

.... الجَدُّ حَفيدَهُ .

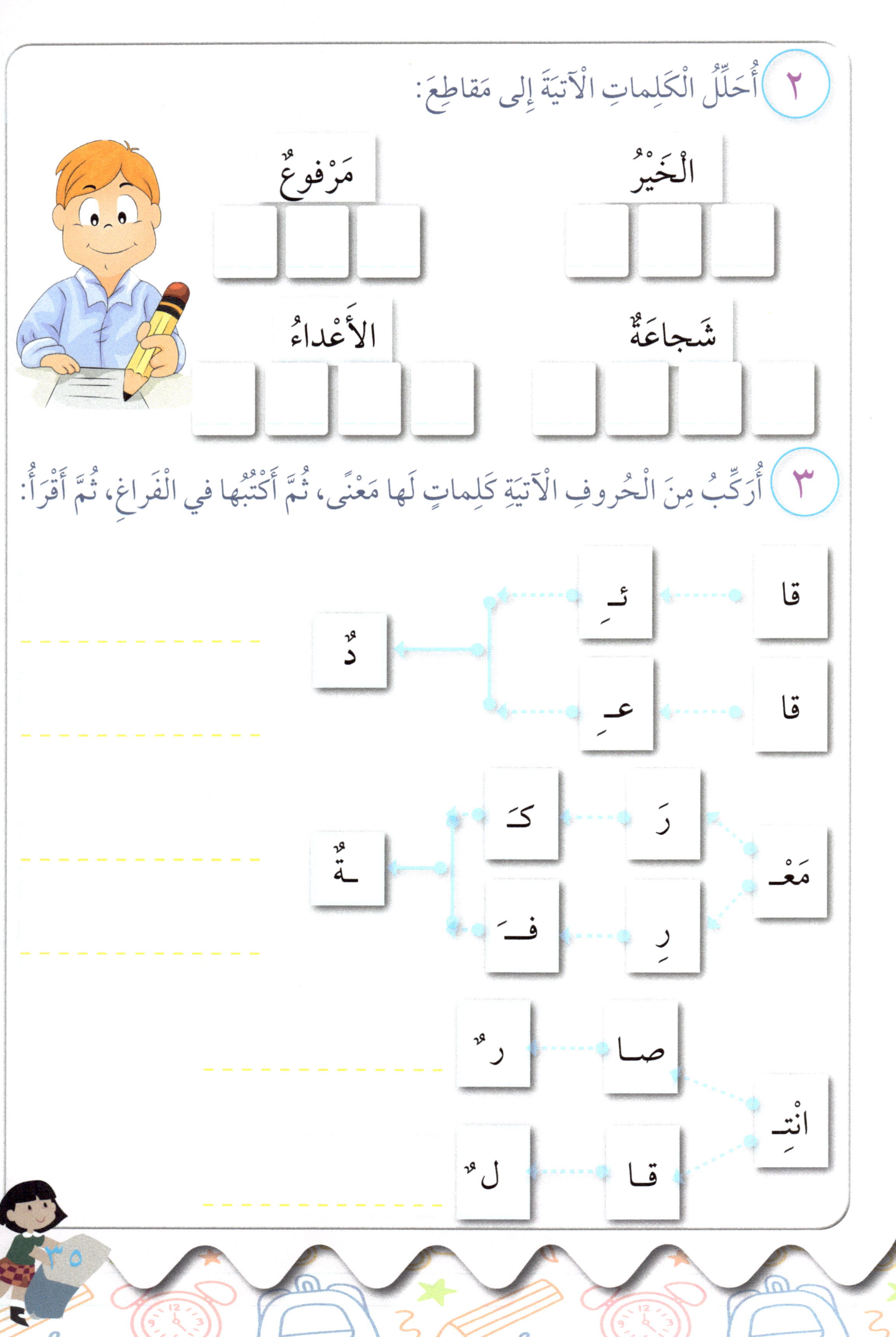

٢ أُحَلِّلُ الْكَلِمَاتِ الْآتِيَةَ إِلى مَقاطِعَ:

مَرْفوعٌ
الْخَيْرُ

الأَعْداءُ
شَجاعَةٌ

٣ أُرَكِّبُ مِنَ الْحُروفِ الْآتِيَةِ كَلِماتٍ لَها مَعْنًى، ثُمَّ أَكْتُبُها في الْفَراغِ، ثُمَّ أَقْرَأُ:

قا   ئِـ
دُ
قا   عِـ

كَ   رَ
ةـ
مَعْـ
فـ   رِ

صا   رُ
انْتِـ
قا   لُ

هؤُلاءِ أَصْدِقائي	هذا بَيتي	هذِهِ سِيّارَتي

١ ـ أُشيرُ إِلى بَيتي القَريبِ مِنّي فَأَقولُ :

...............بَيتي .

٣ ـ أُشيرُ إِلى سَيّارَتي القَريبةِ مِنّي فَأَقولُ :

...............سَيّارَتي .

٥ ـ أُشيرُ إِلى أَصْدِقائي القَريبينَ مِنّي فَأَقولُ :

...............أَصْدِقائي .

١ أَخْتارُ واحِدًا مِنْ الأَسْماءِ التّاليَةِ وَأَضَعِها في الْفَراغِ:

هؤلاءِ   هذا   هذهِ

.............ديكٌ

هذهِ سِيّارَتي

.............مُعَلِّمات

.............أَولادٌ

٢ أُكْمِلُ الْفَراغَ كَما في الْمِثالِ:

١ قارِب   قَوارِب

٢ شاطِئ   ــــــــــ

٣ نافذة   ــــــــــ

٢ شاطِئ   ــــــــــ

٣ نافذة   ــــــــــ

٣٧

١ أَمْلَأُ الْجَدْوَلَ بِما يُناسِبُ:

تَنْوين كَسْرٍ	تَنْوين فَتْحٍ	تَنْوين ضَمٍّ	
-----------	-----------	-----------	بُسْتان
-----------	-----------	-----------	عالِم
-----------	-----------	-----------	باب
-----------	-----------	-----------	توت
-----------	-----------	-----------	مسجد
-----------	-----------	-----------	شارع

٢ أُضيف (ال) إِلى الْكَلِماتِ السّابِقة، وَأَضعُ (ّ ، ْ) حَيْثُ يَلْزَم كَما في الْمِثال:

الْبُسْتان ----------- ----------- -----------

----------- ----------- -----------

١ ماذا تُحِبُّ في بَيْتِكَ ؟ ولِماذا؟

أَنا أُحِبُّ في بَيْتي ـ ـ ـ ـ ـ ـ ـ ـ ـ ـ ـ ـ ـ ـ ـ .

٢ ماذا تُحِبُّ في مَدْرَسَتِكَ ؟ ولِماذا؟

أَنا أُحِبُّ في مَدْرَسَتي ـ ـ ـ ـ ـ ـ ـ ـ ـ ـ ـ ـ

٣ ماذا تُحِبُّ في مَدينَتِكَ ؟ ولِماذا؟

أَنا أُحِبُّ في مَدينَتي ـ ـ ـ ـ ـ ـ ـ ـ ـ ـ ـ ـ ـ

٢ أَكْتُبُ فِقْرَةً قَصيرَةً عَنْ أَيِّ شَيْءٍ أُحِبُّهُ في حَياتي أَوْ أُحِبُّ أَنْ يَكونَ في حَياتي في الْمُسْتَقْبَلِ .

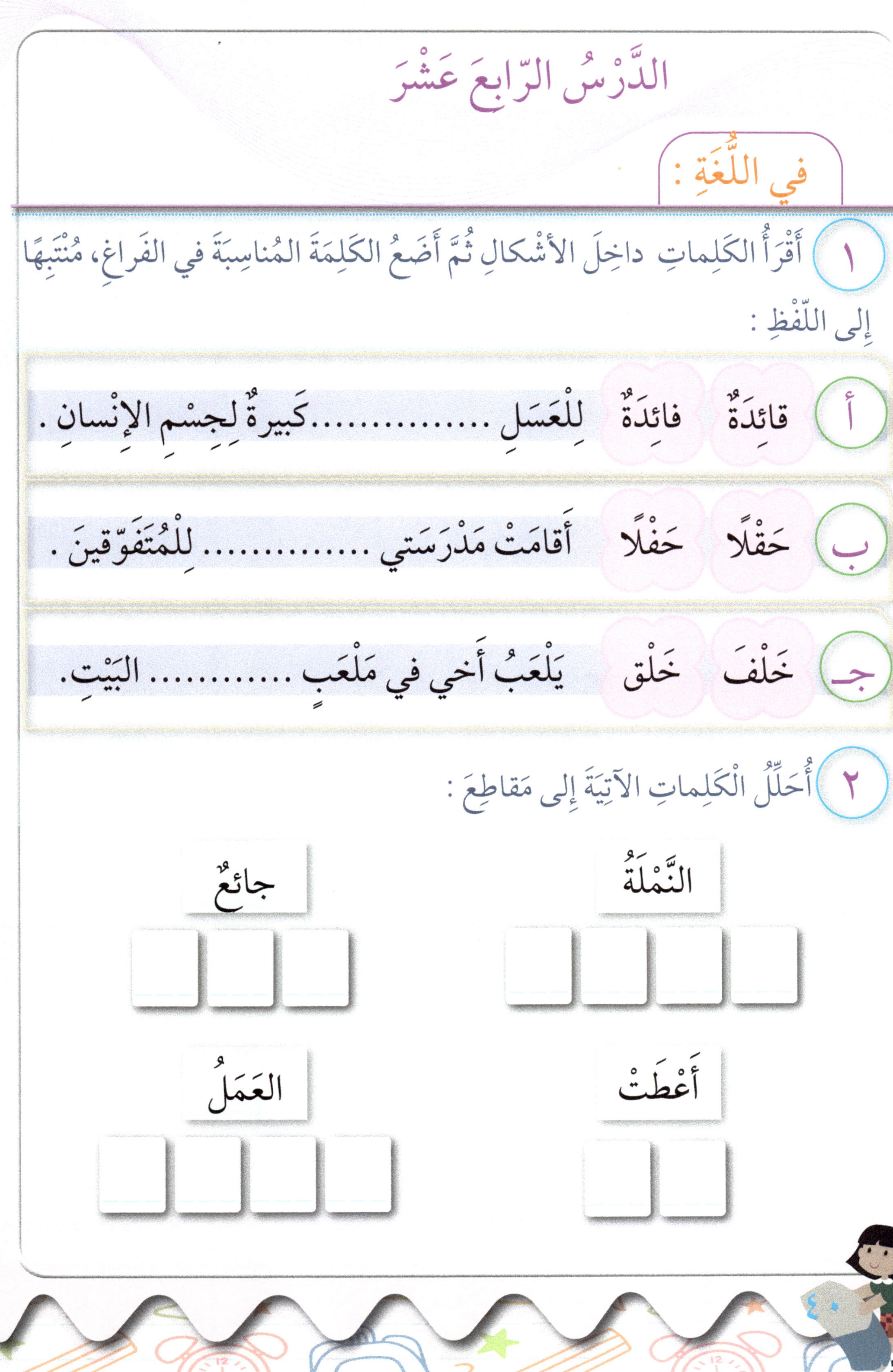

الدَّرْسُ الرّابِعَ عَشَرَ

في اللُّغَةِ :

١) أَقْرَأُ الْكَلِماتِ داخِلَ الأَشْكالِ ثُمَّ أَضَعُ الْكَلِمَةَ الْمُناسِبَةَ في الفَراغِ، مُنْتَبِهًا إِلى اللَّفْظِ :

أ) قائِدَةٌ   فائِدَةٌ   لِلْعَسَلِ .... كَبيرَةٌ لِجِسْمِ الإِنْسانِ .

ب) حَقْلًا   حَفْلًا   أَقامَتْ مَدْرَسَتي .... لِلْمُتَفَوِّقينَ .

ج) خَلْفَ   خَلْق   يَلْعَبُ أَخي في مَلْعَبٍ .... البَيْتِ .

٢) أُحَلِّلُ الْكَلِماتِ الآتِيَةَ إِلى مَقاطِعَ :

النَّمْلَةُ

جائِعٌ

أَعْطَتْ

العَمَلُ

أُرَكِّبُ مِنَ المَقاطِعِ كَلِماتٍ ، وَأَكْتُبُها :

فيـ

لَيْه

لُ

جَـ

حَـ

خَـ

دّ

- - - - - - - -

- - - - - - - -

- - - - - - - -

٤ أَضَعُ النُّقَطَ حيثُ يَنْبَغي :

عادَ حالِدٌ مِنْ صيعَتِهِ بَعْدَ الطُّهْرِ
فَرِحًا لِأَنَّهُ زارَ حَدَّهُ وَاطمَأَنَّ إلى صِحَّتِهِ
بَعْدَ مَرَصِهِ الأَخيرِ .

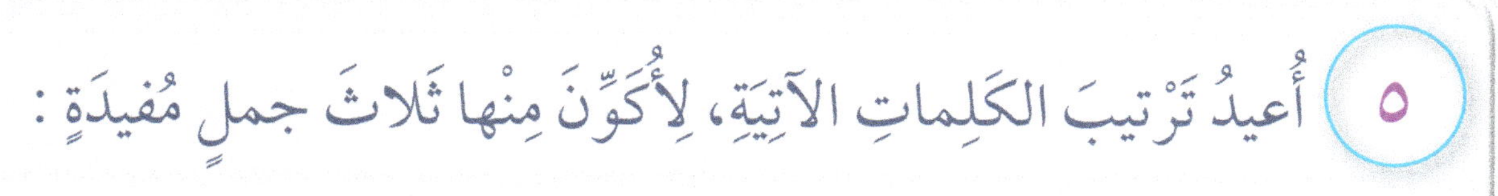

٥ أُعِيدُ تَرْتِيبَ الكَلِماتِ الآتِيَةِ، لِأُكَوِّنَ مِنْها ثَلاثَ جُمَلٍ مُفِيدَةٍ :

❁ سارَة دَرَسَتْ

❁ أَكَلَتْ أُخْتي الطَّعامَ

❁ كَتَبَتْ صَديقَتي رِسالةً

٦ أُضيفُ التّاءَ إِلى الْكَلِماتِ داخِلِ الْأَقْواسِ وَأَكْتُبُها في الْفَراغِ:

(لَحِقَ) .... قِطَّةٌ فَأْرَةً، (فَهَرَبَ) .... الْفَأْرَةُ
وَ(اخْتَفى) .... الْفَأْرَةُ داخِلَ جُحْرٍ صَغيرٍ. (وَقَفَ) .... الْقِطَّةُ أَمامَ الْجُحْرِ تَنْتَظِرُ خُروجَ الْفَأْرَةِ. بَعْدَ فترةٍ (قالَ) .... الْقِطَّةُ: لَقَدْ انْتَظَرْتُ طَويلًا وَ تَعِبْتُ، سَأَذْهَبُ لِأَبْحَثَ عَنْ طَعامٍ آخَرَ.

١ أَرْسُمُ خَطًّا أَسْفَلَ الْأَعْمالِ الّتي قامَتْ بِها أُخْتي :

رَتَّبَتْ أُخْتي غُرْفَةَ الضُّيوفِ، وَاعْتَنَتْ بِالوُرودِ، وَأَعَدَّتْ شَطائِرَالجُبْنِ وَالكَعْكِ، وَنَظَّفْتُ أَنا الْمَطْبَخَ، وَأَخي زَيَّنَ الْمَنْزِلَ بِالكَثيرِ مِنَ الْبالوناتِ الْجَميلَةِ. تَعاوَنَتِ الْأُسْرَةُ كُلُّها فَكانَتْ حَفْلَةً أَدْخَلَتِ السُّرورَ إلى قُلوبِنا .

٢ أَسْتَخْرِجُ مِنَ الْقِطْعَةِ السّابِقَةِ كَلِماتٍ تَنْتَهي بِتاءٍ مفتوحةٍ وَ كَلِماتٍ تَنْتَهي بِتاءٍ مَرْبوطَةٍ:

كَلِماتٍ تَنْتَهي بِتاءٍ مربوطةٍ:

—————— —————— —————— ——————

كَلِماتٍ تَنْتَهي بِتاءٍ مفتوحةٍ:

—————— —————— —————— ——————

أُلاحِظُ أَنَّ جَميعَ هذِهِ الْأَعْمالِ الّتي قامَت بِها أُخْتي انْتَهَت بِتاءٍ .... أَوْ بِتاءٍ ....

الْكِتابَةُ التَّعْبيرِيَّةُ :

مَاذَا أَقُولُ عِنْدَما ....

أ أَسْتَيْقِظُ في الصّباحِ وَ أَرى عائِلَتي .

ب أَطْلُبُ شَيئًا مِنْ أَحَدٍ .

ج أَشْكُرُ أَحَداً عَلى مُساعَدَتي .

د أَسْتَقْبِلُ الضّيوفَ .

هـ أَدْخُلُ الْمَنْزِلِ .

و أَخْرُجُ مِنَ الْمَنْزِلِ .

ز أَعْتَذِرُ عنِ الْخَطَأَ .

ح يَأْتي النَّوْمِ :

٤٥

الدَّرْسُ الْخَامِسَ عَشَرَ

في اللُّغَةِ :

١ أَضَعُ الْكَلِمَةَ الْمُناسِبَةَ في الْفَراغِ، مُنْتَبِهًا إِلى اللَّفْظِ :

زَلَّ   ضَلَّ   ظَلَّ

١ .... الْعالِمُ يُفَكِّرُ حَتّى وَصَلَ إلى اخْتِراعٍ جديدٍ .

نَظيفٌ   نَزيفٌ

٢ صَفُّنا .... لِأَنَّنا لانَرْمِيَ الْأَوْساخَ عَلَى الْأَرْضِ .

الضَّرْبِ   الدَّرْبِ

٣ تَعَلَّمْنا الْيَوْمَ جَدْوَلَ ....

٢ أُرَكِّبُ مِنَ الْمَقاطِعِ كَلِماتٍ، وَ أَكْتُبُها :

ضْ   مُّ   ـــــــــــ

هَـ   دْ   ـــــــــــ

٣ أُرَتِّبُ الْكَلِماتِ الآتِيَةَ لِأُكَوِّنَ جُمَلًا مُفيدَةً :

١ ـ ـ ـ ـ ـ ـ ـ

٢ ـ ـ ـ ـ ـ ـ ـ

٣ ـ ـ ـ ـ ـ ـ ـ

٤ أَضَعُ كَلِمَةً مُناسِبَةً لِلْكَلِماتِ الآتِيَةِ في الشَّكْلِ الْمُجاوِرِ لَها كَما في الْمِثالِ :

‌٥ أُكْمِلُ الْفَرَاغَ كَما في الْمِثالِ:

ـــــــ	طَيّارٌ	أَسْماءٌ	اسْمٌ
ـــــــ	نَجّارٌ	ـــــــ	سَعيدٌ
ـــــــ	مُعَلِّمٌ	ـــــــ	كُرْسِيٌّ

‌٦ أُكْمِلُ الْفَرَاغَ كَما في الْمِثالِ:

رَكَضَ اللّاعِبُ في الْمَلْعَبِ.   رَكَضَ اللّاعِبونَ في الْمَلْعَبِ.

تَحِيّةُ احْتِرامٍ لِعامِلِ الْوَطَنِ في بَلَدي.
ـــــــــــــــــــــــــــــــ

دافَعَ الْمُحامي عَنِ الْبَريءِ.
ـــــــــــــــــــــــــــــــ

الْمُزارِعُ يَحْرُثُ الْأَرْضَ
ـــــــــــــــــــــــــــــــ

٧ أُكْمِلُ الْكِتَابَةَ فِي الْأَشْكَالِ الْآتِيَةِ كَمَا فِي الْمِثَالِ:

٥ مُمَرِّضٌ	١ مُخْتَرِعٌ
٦ مُجْتَهِدٌ	٢ مُسَافِرٌ
٧ مُزَارِعُونَ	٣ مُهَنْدِسُونَ
٨ فَنَّانُونَ	٤ مُجِدُّونَ

٨ أُكْمِلُ الْفَرَاغَ كَمَا فِي الْمِثَالِ:

أَذْكِياء ___	مَسَاجِد ___ مَسْجِد
شَوَارِع ___	مُزَارِعُون ___
أَصْدِقَاء ___	رَسَّامُون ___

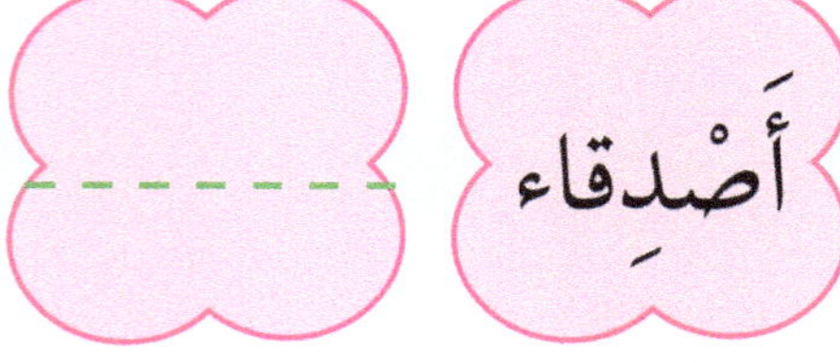

٩ أَضَعُ كَلِمَةً مُناسِبَةً مَكانَ الْأَسْماءِ الَّتي تَحْتَها خَطٌّ كَما في الْمِثالِ:

أ. العالِمُ في الْمُخْتَبَرِ .

هُوَ في الْمُخْتَبَرِ ______

ب. الطّالِبانِ يَكْتُبانِ الدَّرْسَ .

______

جـ. أُخْتي فَتَحَتِ الْخِزانَةَ .

______

د. الْمُعَلِّمونَ يُحِبّونَ طُلّابَهُم .

______

هـ. الْأُمَّهاتُ عَطوفاتٌ .

______

و. الْأَرْنَبانِ تَحْتَ الشَّجَرَةِ .

______

أَلِفُ تَنْوينِ الفَتْحِ

١ أَقْرَأُ الْكَلِماتِ الآتِيَةَ ثُمَّ أُجيبُ عَنِ الْأَسْئِلَةِ :

استِقْلالٌ	بِناءٌ	سَعيدٍ	خَطَأً	أَسَدًا	مُرَفْرِفَةً	جَيْشٍ

حَفْلٌ	قَوِيًّا	اسْتِعْمارًا	مَدْرَسَةً	مَلْجَأً	بِناءً	سَماءً

١ أَكْتُبُ الْكَلِماتِ الْمُنْتَهِيَةَ بِتَنْوينِ فَتْحٍ :

- -

٢ هَلْ جَميعُ الْكَلِماتِ الْمُنْتَهِيَةِ بِتَنْوينِ فَتْحٍ انْتَهَتْ بِأَلِفٍ ؟

- -

أَتَذَكَّرُ وَأَسْتَنْتِجُ :

لا نُضيفُ أَلِفًا إِلى الْأَسْماءِ الْمُنْتَهِيَةِ بِتَنْوينِ فَتْحٍ إِذا انْتَهى الاسْمُ بِـ :

١-تاءٍ مَرْبوطَةٍ: مَدْرَسَةً   ٢-هَمْزَةٍ عَلى أَلِفٍ: مَلْجَأً

٣-هَمْزَةٍ قَبْلَها أَلِفٌ : مَساءً

 أَضَعُ الشدة حَيْثُ يَلْزَمُ في الْكَلِماتِ الآتِيَةِ :

جَدي   جَدتي   التي   الذي   مُعَلمي

مُعَلمتي   ثمَ   أُمي

٣ أَضَعُ تَنوينَ الْفَتْحِ في آخِرِ الْكَلِماتِ الْمُلَوَّنَةِ، ثُمَّ أَقْرَأُ :

أ شاهَدْتُ عُصْفورة جَميلَة عَلى الشَّجَرَةِ .

ب زَرَعَ أَبي شَجَرَة مُثْمِرة أَمامَ الْمَنْزِلِ .

ج بَنَتِ الشَّرِكَةُ قَرْيَة جَديدَة وَأَقامَتْ فيها بُيوت.

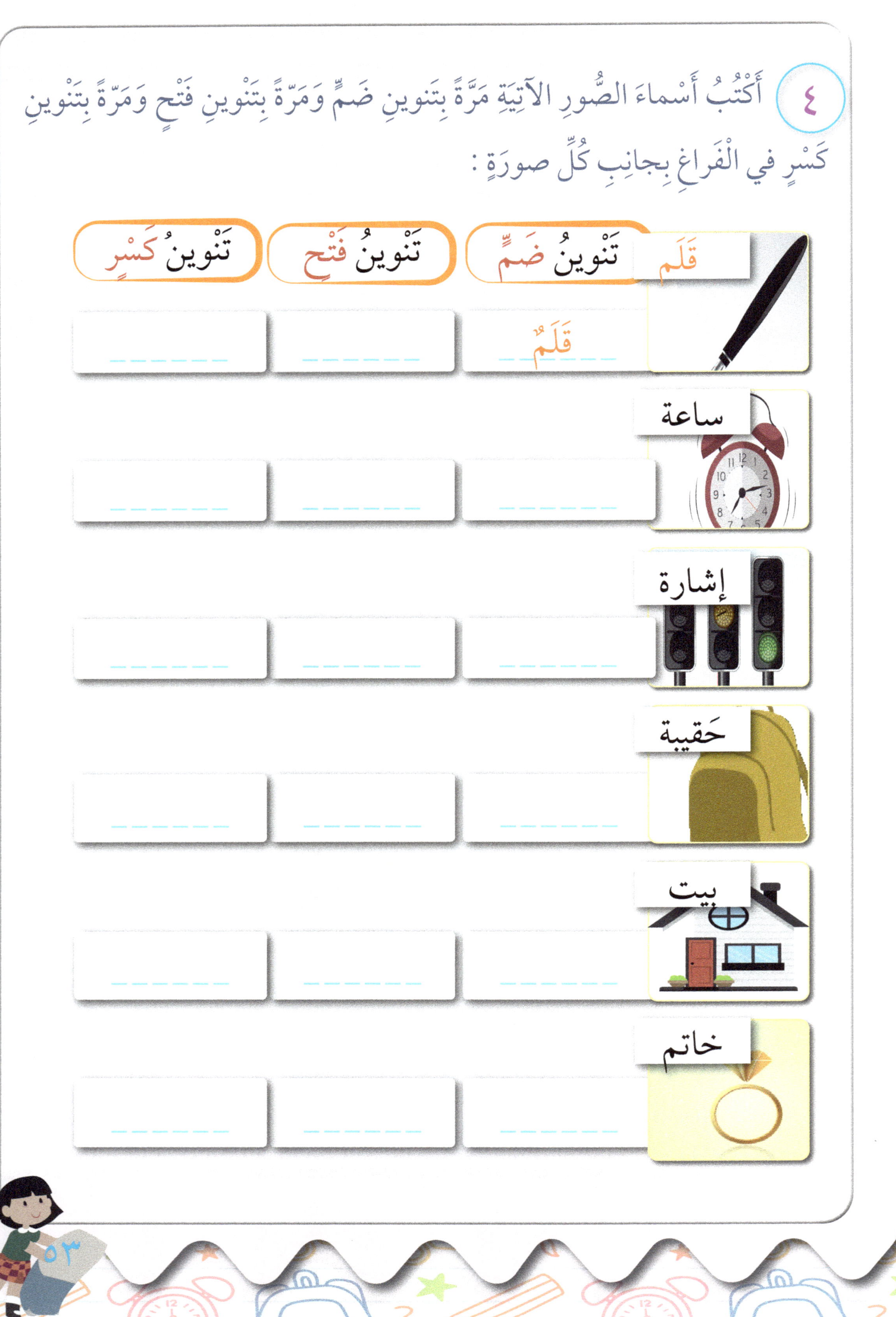

٤ أَكْتُبُ أَسْماءَ الصُّورِ الآتِيَةِ مَرَّةً بِتَنْوِينِ ضَمٍّ وَمَرَّةً بِتَنْوِينِ فَتْحٍ وَمَرَّةً بِتَنْوِينِ كَسْرٍ في الْفَراغِ بِجانِبِ كُلِّ صورَةٍ :

تَنْوينُ كَسْر | تَنْوينُ فَتْح | تَنْوينُ ضَمٍّ | قَلَم

قَلَمٌ

ساعة

إشارة

حَقيبة

بيت

خاتم

مُسْتَعِينًا بِالصُّوَرِ الآتِيَةِ، أَكْتُبُ قِصَّةً قَصِيرَةً، ثُمَّ أَكْتُبُ عُنْوَانًا مُناسِبًا لَها:

الْعُنْوانُ: ______________________

مُراجَعَة إِمْلائِيَّة ثانِية ②

① أَكْتُبُ الرَّسْمَ الصَّحيحَ لِـ(ى، ي) في الْفَراغِ، لِأَحْصُلَ عَلى

جُمَلٍ ذاتِ مَعْنى، كَما في الْمِثالِ :

في الْأَمْسِ رَمى رامي الْكُرَةَ في مَرْمى سام... وَأَحْرَزَ هَدَفًا .

الْآنَ يَرمي سامي الْكُرَةَ في مَرْمى رام.. ويُحْرِزُ هَدَفًا.

أَعْط... الْمُعَلِّمُ هَدِيَّةً إلى هانـ... عَلى اجْتِهادِهِ.

الْآنَ يُعْط... الْمُعَلِّمُ هَدِيَّةً إلى لُبْنـ.. عَلى اجْتِهادِها.

في الْأَمْسِ رَو.... جَدّي زَهْرَةَ النَّرْجِسِ .

الْآنَ يَرو..... جَدَّ... زَهْرَةَ الْياسَمينِ .

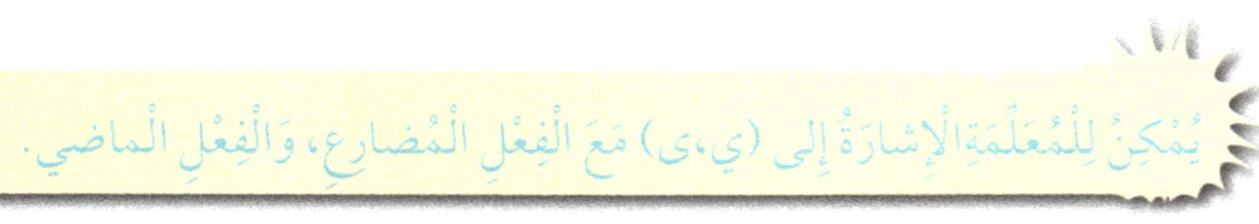

٢ أَقْرَأُ الْجُمَلَ الآتِيَةَ، وَأَضَعُ التَّنوينَ الْمُناسِبَ على الْكَلِماتِ الَّتي تَحْتَها خَطٌّ :

رِياحٌ شديدة تَهُبُّ عَلَيْنا.

جبلٌ مرتفع في الأُفُقِ.

لَبِسْتُ معطف صوفيّ ‏ـــــــــــــ   ـــــــــــ

رَسَمْتُ رَسْم مُمَيَّز ‏ـــــــــــــ   ـــــــــــ

الْهُدْهُدُ على شجرة عالية .

سَبَحَ سامي في بحيرة عميقة

٣ أَكْتُبُ الرَّسْمَ الصَّحيحَ لِلتَّاءِ الْمَرْبوطَةِ في الْفَراغِ، لِأَحْصُلَ على فِقْرَةٍ جَميلَةٍ :

تَسْكُنُ الْخالَ.. ماجِدَ.. في مَنْطِقَ.. ريفِيَّ.. جَميلَ.. ،لَها فيها مَزْرَعَ.. واسِعَ.. فيها أَشْجارُ زَيْتونٍ كَثيرَ..، فيها شَجَرَ.. تينٍ كَبيرَ...، في مَوْسِمِ قِطافِ الزَّيْتونِ نَذْهَبُ لِنُساعِدَ خالَتي ماجِدَة .

الدَّرْسُ السَّادِسَ عَشَرَ

في اللُّغَةِ :

١ أَضَعُ الْحَرْفَ الْمُنَاسِبَ في الْفَرَاغِ ثُمَّ أَقْرَأُ مُنْتَبِهًا إِلى اخْتِلافِ الْمَعْنى :

أ

إ

م

ب

ل

أ
جَ...َل ٌ
جَ...َل ٌ

ب
...ُعْلام ٌ
...ُعْلام ٌ

ج
اسْتِقْ...ال ُ
اسْتِقْ...ال ُ

٢ أُحَلِّلُ الْكَلِماتِ الآتِيَةَ إِلى مَقاطِعَ :

مُناسَبَة ٌ
رَسْمِيَّة ٌ

اسْتِعْراض ٌ
سَرايا

٥٧

أُرَكِّبُ مِنَ المَقاطِعِ كَلِماتٍ وَأَكْتُبُها :

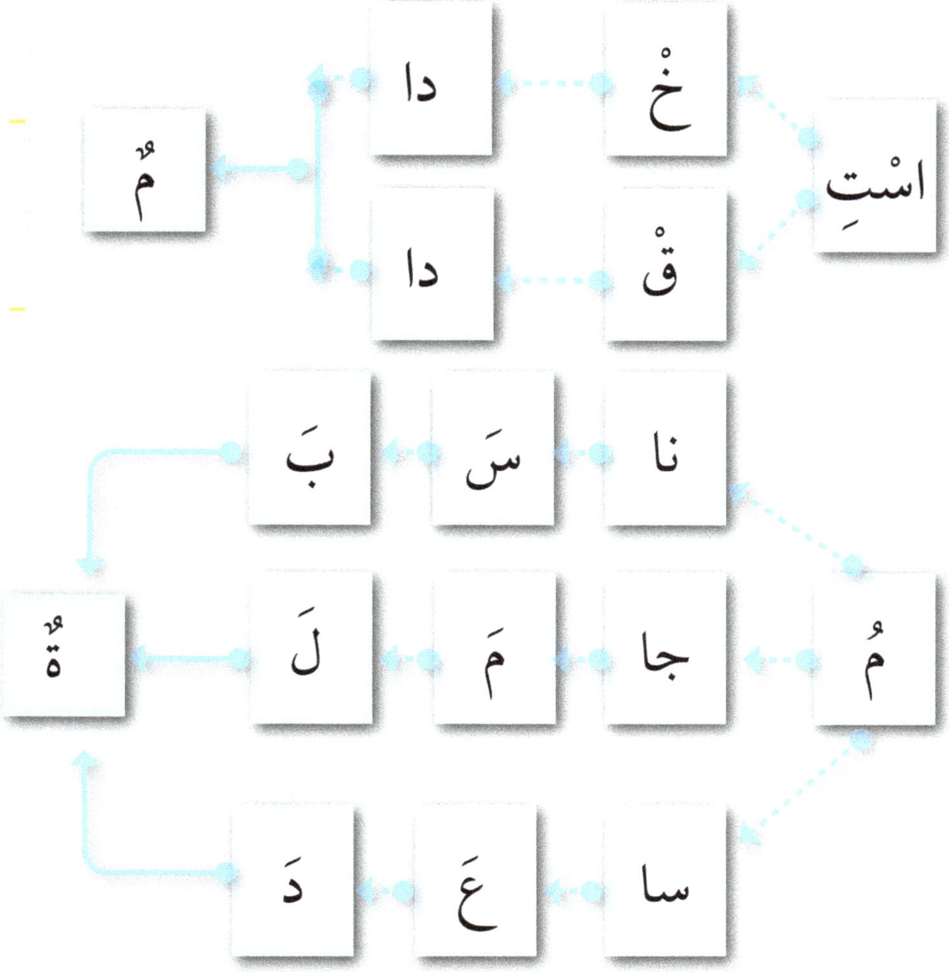

است ← خْ ← دا

مُ

است ← قْ ← دا

مُ ← نا ← سَ ← بَ

مُ ← جا ← مَ ← لَ ← ةٌ

ساعَ ← دَ

ــــــــــــــــــــــ

ــــــــــــــــــــــ

ــــــــــــــــــــــ

ــــــــــــــــــــــ

٤ أَقْرَأُ الكَلِماتِ الآتِيَةَ ثُمَّ أُجِيبُ عَنِ الأَسْئِلَةِ :

خالِدٌ طالِبٌ في الصَّفِّ الثّاني الأَساسِيِّ، وَهُوَ الابْنُ الأَوَّلُ في العائِلَةِ، يَوْمُ ميلادِهِ في الخامِسِ مِن آذارَ وَيَسْكُنُ في الطّابِقِ الثّالِثِ، قَريبًا مِنَ الدّوارِ الرّابِعِ.

٥ بَعْدَ قِرَاءَةِ النّصِّ أَمْلَأُ الْفَرَاغَ بِالْكَلِمَةِ الْمُنَاسِبَةِ :

أ هُوَ الابْنُ .... ب خالِدٌ في الصَّفِّ ....

ج يَسْكُنُ في الطَّابِقِ .... د قَرِيبًا مِنَ الدَّوَّارِ ....

هـ يَوْمُ ميلادِهِ في ....

٦ أَكْتُبُ عَنْ نَفْسي :

أَنا طالِبٌ في الصَّفِّ ....، وَ أَنا الابْنُ ....
في العائِلَةِ ، يَوْمُ ميلادي في ....، وَ أَسْكُنُ في الطَّابِقِ
.........، قَرِيبًا مِنَ الدَّوَّارِ ....

٧ أَنْظُرُ إلى صَفّي وَأَمْلَأُ الْفَرَاغَ بِأَسْماءِ أَرْبَعَةٍ مِنْ زُمَلائي في الصَّفِّ :

يَجْلِسُ في الدُّرْجِ الأَوَّلِ   يَجْلِسُ في الدُّرْجِ الثَّاني

يَجْلِسُ في الدُّرْجِ الثَّالِثِ   يَجْلِسُ في الدُّرْجِ الرَّابِعِ

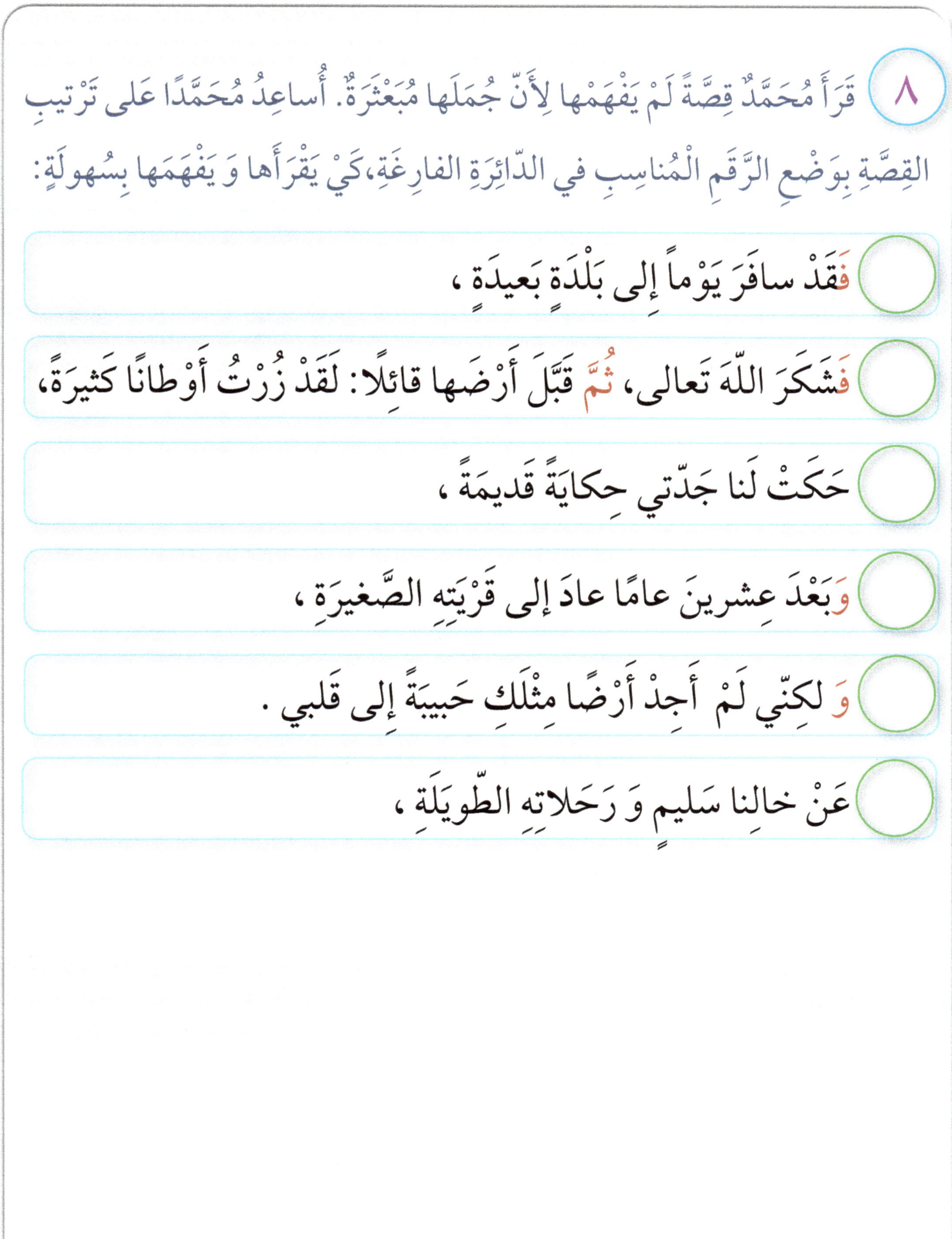

٨ قَرَأَ مُحَمَّدٌ قِصَّةً لَمْ يَفْهَمْها لِأَنَّ جُمَلَها مُبَعْثَرَةٌ. أُساعِدُ مُحَمَّدًا عَلى تَرْتِيبِ القِصَّةِ بِوَضْعِ الرَّقَمِ الْمُناسِبِ في الدَّائِرَةِ الفارِغَةِ، كَيْ يَقْرَأَها وَ يَفْهَمَها بِسُهولَةٍ:

فَقَدْ سافَرَ يَوْماً إِلى بَلْدَةٍ بَعيدَةٍ ،

فَشَكَرَ اللَّهَ تَعالى، ثُمَّ قَبَّلَ أَرْضَها قائِلًا: لَقَدْ زُرْتُ أَوْطانًا كَثيرَةً،

حَكَتْ لَنا جَدَّتي حِكايَةً قَديمَةً ،

وَبَعْدَ عِشرينَ عامًا عادَ إِلى قَرْيَتِهِ الصَّغيرَةِ ،

وَ لكِنّي لَمْ أَجِدْ أَرْضًا مِثْلَكِ حَبيبَةً إِلى قَلبي .

عَنْ خالِنا سَليمٍ وَ رَحَلاتِهِ الطَّويلَةِ ،

١ أَضَعُ الشَّدَّةَ أَوِ السُّكونَ حَيْثُ يَنْبَغي :

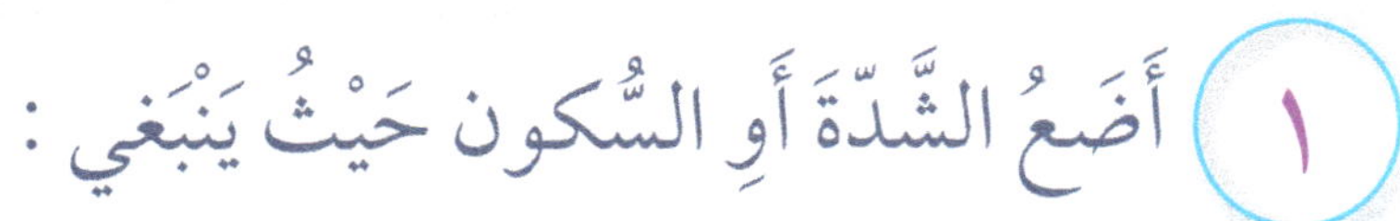

أ شَرِبَ الطِّفْلُ الحَليبَ.

ب الرياضَةُ تُقَوّي الجِسْمَ.

ج هَد العامِلُ الصَّخْرَةَ.

د جَمَعَ الحَطّابُ الخَشَبَ

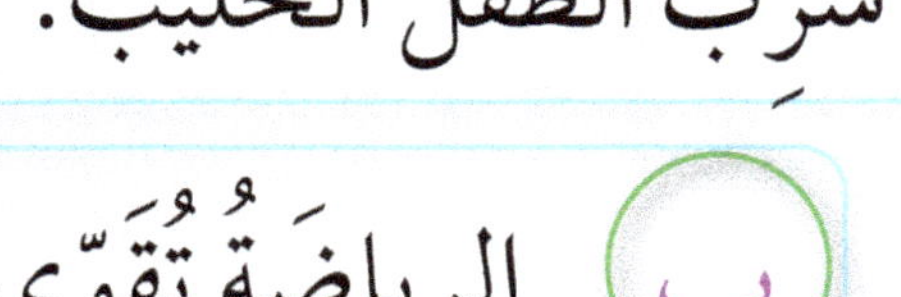
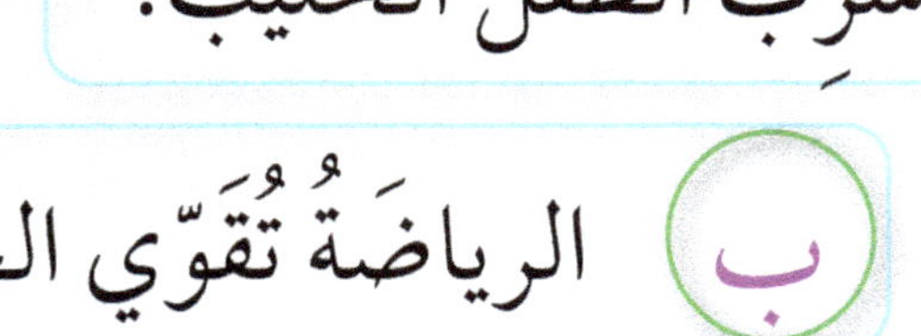
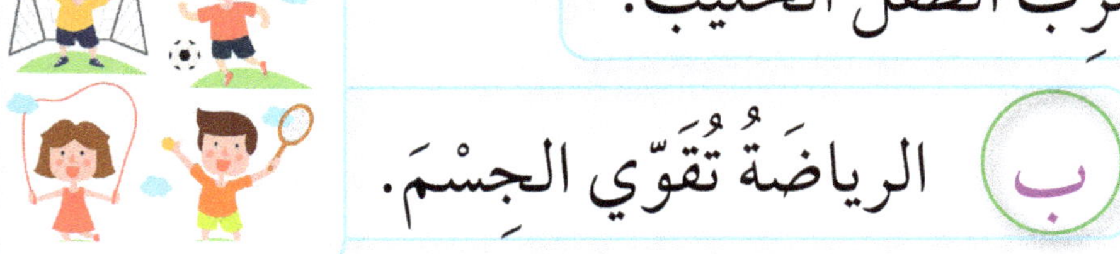
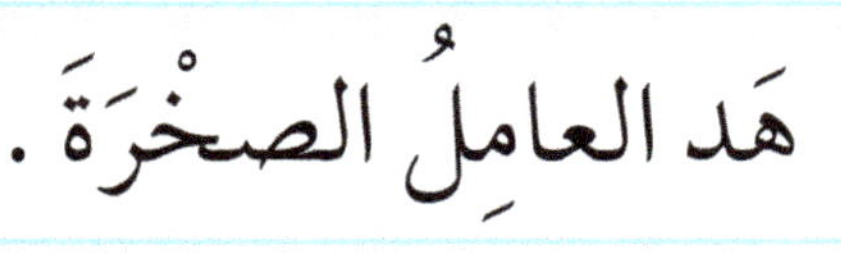

٢ أَقْرَأُ الفِقْرَةَ الآتِيَةَ ، ثُمَّ أَرْسُمُ السُّكونَ (ــْـ) فَوْقَ اللّامِ القَمَرِيَّةِ وَأَرْسُمُ الشَّدَّةَ (ــّـ) فَوْقَ الحَرْفِ الَّذي يَأتي بَعْدَ اللّامِ الشَّمْسِيَّةِ.

مَرَّ الشَّوْطانِ مِنَ المُباراةِ مِنْ غَيْرِ تَسْجيلِ أَهْدافٍ.

كانَ الفَريقانِ مُتعادِلَيْنِ في القُوَّةِ ،

وَ التنافُسُ بَيْنَ اللاعبينَ قَوِيًّا.

كانَ خالِدٌ يَلْعَبُ بالكُرَةِ بَيْنَ قَدَمَيْهِ بِمَهارَةٍ عالِيَةٍ

لكِنَّ اللاعِبينَ مِنَ الفَريقِ الآخِرِ كانوا مِثْلَ النَّسْرِ في المُراقَبَةِ.

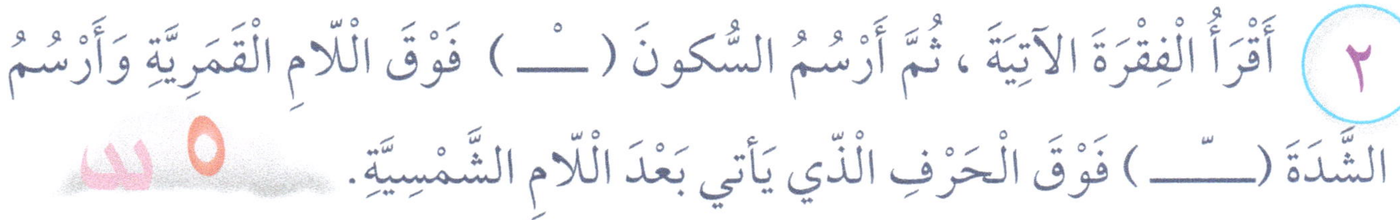

📖 أَقْرَأُ الْجُمَلَ الآتِيَةَ ثُمَّ أُرَتِّبُها لِأُكَوِّنَ فِقْرَةً قَصِيرَةً، ثُمَّ أُضيفُ ما أَراهُ مُناسِبًا مِنَ الْعِباراتِ لِاسْتِكْمالِ مَعْناها، وَلا أَنْسى أَنْ أَسْتَخْدِمَ أَدَواتِ الرَّبْطِ الَّتي تَعَلَّمْتُها (و ، ف ، ثم) حَيْثُ يَلْزَمُ لِأَحْصَلَ على فِقْرَةٍ رائِعَةٍ .

◯ أَعيشُ فَوْقَ أَرْضِهِ ،
____

◯ كَيْفَ أَخْدِمُ وَطَني ؟
____

◯ آكُلُ مِنْ خَيْراتِهِ الْكَثيرَةِ ،
____

◯ قالَتْ سارَةُ لِوالِدَتِها: أَنا أُحِبُّ الْوَطَنَ ،
____

◯ أَجابَ والِدُها : أَنْ يَقومَ كُلُّ مُواطِنٍ بِعَمَلِهِ بِإِخْلاصٍ، هكَذا نَخْدِمُ الْوَطَنَ .

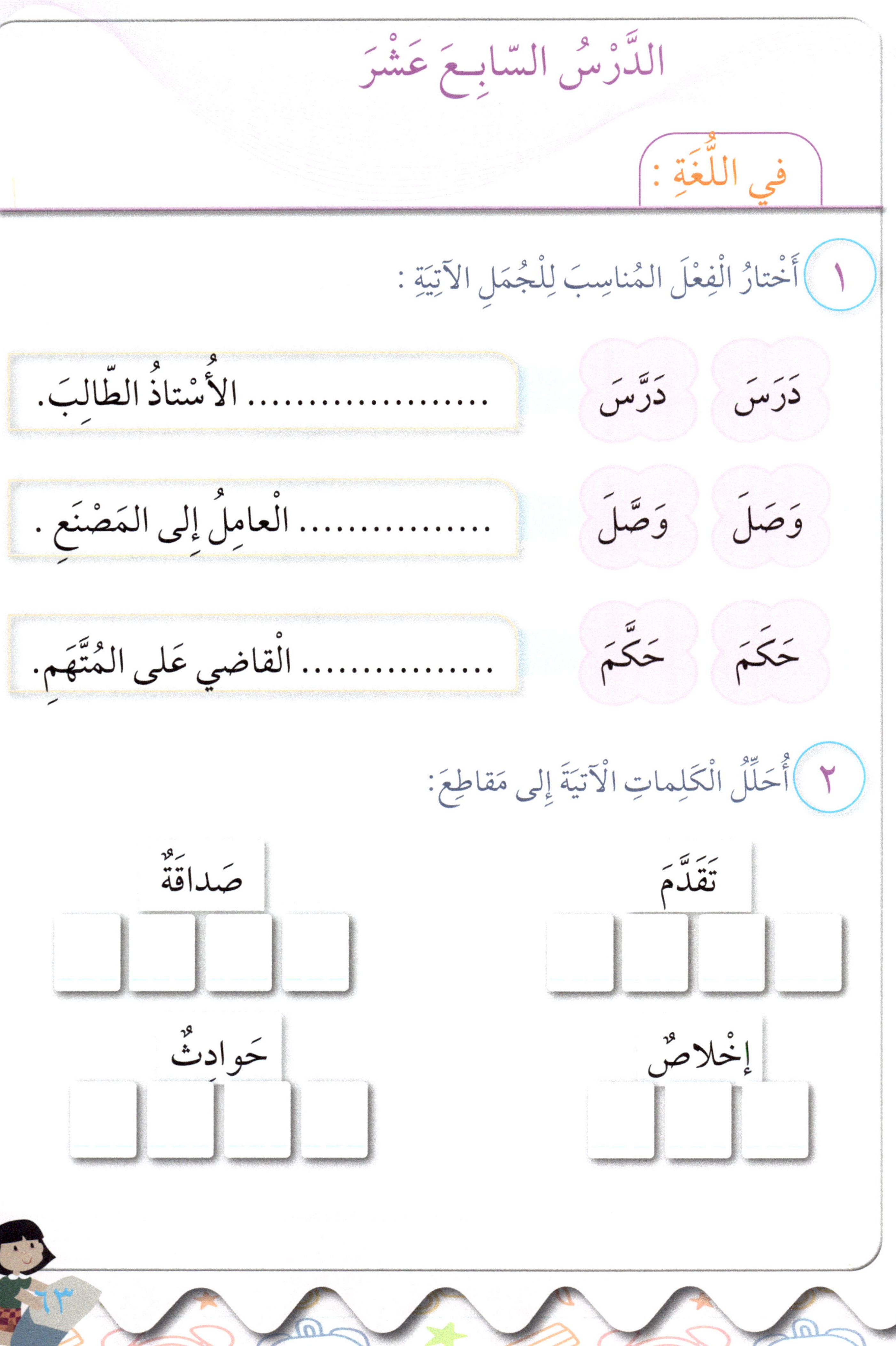

الدَّرْسُ السَّابِعَ عَشَرَ

في اللُّغَةِ :

١ أَخْتَارُ الْفِعْلَ الْمُنَاسِبَ لِلْجُمَلِ الْآتِيَةِ :

دَرَسَ   دَرَّسَ

.... الْأُسْتَاذُ الطَّالِبَ.

وَصَلَ   وَصَّلَ

.... الْعَامِلُ إِلَى الْمَصْنَعِ .

حَكَمَ   حَكَّمَ

.... الْقَاضِي عَلَى الْمُتَّهَمِ.

٢ أُحَلِّلُ الْكَلِمَاتِ الْآتِيَةَ إِلَى مَقَاطِعَ :

تَقَدَّمَ

صَدَاقَةٌ

إِخْلَاصٌ

حَوَادِثٌ

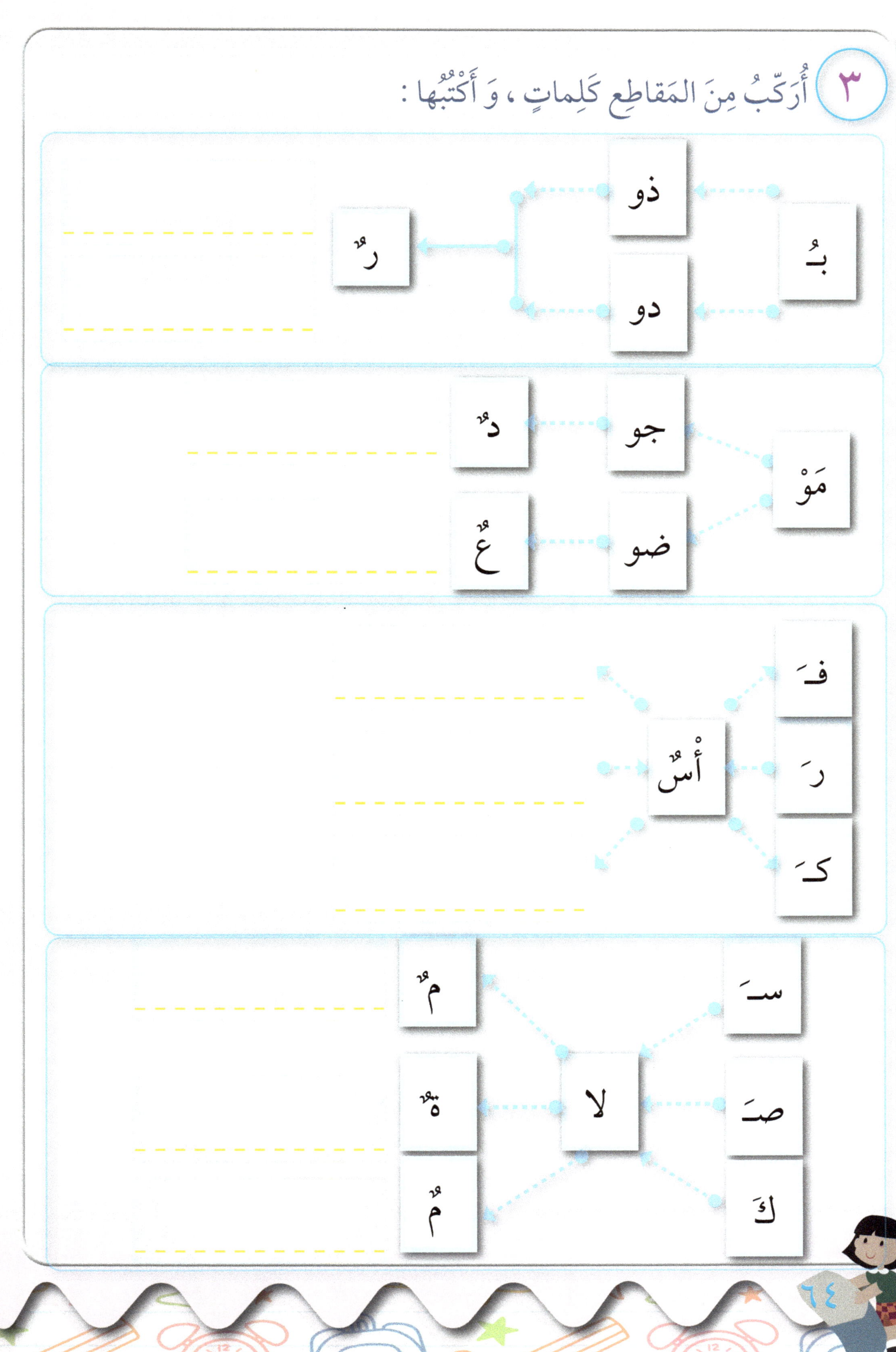
ذو
بُ
دو
رُ
جو
دُّ
مَوْ
ضو
عُّ
فَ
رَ
أْسٌ
كَ
مُّ
سَ
لا
صَ
ةُ
لَكَ
مُّ

﴿٤﴾ أَخْتَارُ الْكَلِمَةَ الْمُنَاسِبَةَ وَ أَمْلَأُ الْفَرَاغَ :

أ) أَلْوانُ ....   الْمُمَرِّضَةِ   الطَّبِيبَةِ   الرَّسَّامِ

ب) مِفْتاحُ ....   الْبابِ   السَّمَكِ   الْوَرَقَةِ

ج) مَكْتَبُ ....   الطَّائِرَةِ   الْمُهَنْدِسِ   الْعُصْفُورِ

﴿٥﴾ أُعِيدُ تَرْتِيبَ الْكَلِماتِ في كُلِّ سَطْرٍ لِأُكَوِّنَ جُمْلَةً مُفِيدَةً :

البيتِ   شُبّاكُ   نَظيفٌ.

الطّالبِ   حَقيبةٌ   جَديدةٌ.

الفِئرانُ   طَحينَ   أَفْسَدَتِ   الْخُبْزِ

----

٦ أُحَوِّلُ الْمُفْرَدَ إِلى جَمْعٍ، وَأُكْمِلُ الْفَراغَ كَما في الْمِثالِ:

فَنّانون (فَنّانٌ)		جِمالٌ (جَمَلٌ)	
(مُؤْمِنٌ)		(وَرَقَةٌ)	
(شاعِرٌ)		(مَشْروعٌ)	

٧ أُحَوِّلُ الْجَمْعَ إِلى مُفْرَد، وَأُكْمِلُ الْفَراغَ كَما في الْمِثالِ:

مَوْضوعٌ (مَواضيعُ)		مُعَلِّمٌ (مُعَلِّمونَ)	
(مُصارِعونَ)		(مَفاتيحُ)	
(مُتَفائِلونَ)		(شُرَفاءُ)	
(مَنازِلُ)		(عُلَماءُ)	

أَقْرَأُ الْفِقْرَةَ الْآتِيَةَ ثُمَّ أُجِيبُ عَمّا يَلِيها مِنْ أَسْئِلَةٍ :

أَعِيشُ فِي كُلِّ الْفُصُولِ، لِي جُـذورٌ وَ ساقٌ وَأَوْراقٌ وَ ثِمارٌ، فِـي الرَّبِيعِ خَضْراءُ جَمِيلَةٌ ، فِي الْخَرِيفِ تَجِفُّ وَ تَسْقُطُ أَوْراقِي، وَفِـي الصَّيْفِ يَحْتَمِي النَّاسُ بِظِلِّي مِـنَ الشَّمْسِ، وَفِي الشِّتاءِ أَحْمِيهُـم مِـنَ الْمَطَرِ، وَ مِـنْ خَشَبِي يَصْنَعُ النَّجارُ طاوِلاتٍ وَ كُلَّ ما يَلْزَمُ الْبَيْتَ مِنْ مَفْروشاتٍ، أَنا ظِلٌّ وَجَمالٌ وَ غِـذاءٌ، أَنا نِعْمَةٌ مِـنَ اللَّهِ ، فَمَنْ أَنا ؟

١ مَنْ أَنا ؟ ____________

٢ أُضِيفُ (الْ) إِلَى الْكَلِماتِ الَّتِي تَحْتَها فِي الْفِقْرَةِ السّابِقَةِ، وَأَضَعُ (٣ ، ٥) حَيْثُ يَلْزَم كَما فِي الْمِثالِ :

الْجُذورُ ______

______ ______ ______

______ ______ ______

٢ أَسْتَخْرِجُ مِنَ الْفِقْرَةِ :

أ كَلِمَةً تَحْتوي عَلى (ال) الْقَمَريّةِ : ____________

ب كَلِمَةً تَحْتوي عَلى (ال) الشَّمْسِيةِ : ____________

جـ تاءً مَرْبوطَةً : ____________

د تاءً مَفْتوحَةً : ____________

هـ تَنْوينَ ضَمٍّ : ____________

و تَنْوينَ كَسْرٍ : ____________

ز سُؤالاً :

____

ح هَمْزَةً مُتَطَرِّفَةً (الْهَمْزَةُ آخِرُ الْكَلِمَةِ) :

____

١ أَخْتارُ مِنْ مَكْتَبَةِ الْمَدْرَسَةِ قِصَّةً، ثُمَّ أَقَرَؤُها وَ أَكْتُبُ :

عُنْوانَ الْقِصَّةِ : ....

مُؤَلَّفَ الْقِصَّةِ : ....

أَسْماءَ شُخوصِها : ....

أَكْتُبُ في الْفَراغِ ما أَعْجَبَني في الْقِصَّةِ مِنْ جُمَلٍ : ....

....

٢ أَرْسُمُ حَدَثًا أَعْجَبَني في الْقِصَّةِ :

المراجعة العامة

١ أَكْتُبُ الْهَمْزَةَ (ء) في نِهايَةِ الْكَلِماتِ الآتِيَةِ ثُمَّ أَقْرَأُ:

أَسْما...   مَيْسا...   سَما...   نِسا...   سَنا...   مَسا...

٢ أَكْتُبُ في الْفَراغِ الْحَرْفَ (ة) أَوِ الْحَرْفَ (ت) أَوْ (ه) (هـ) (ـة) حَيْثُ يَلْزَمُ:

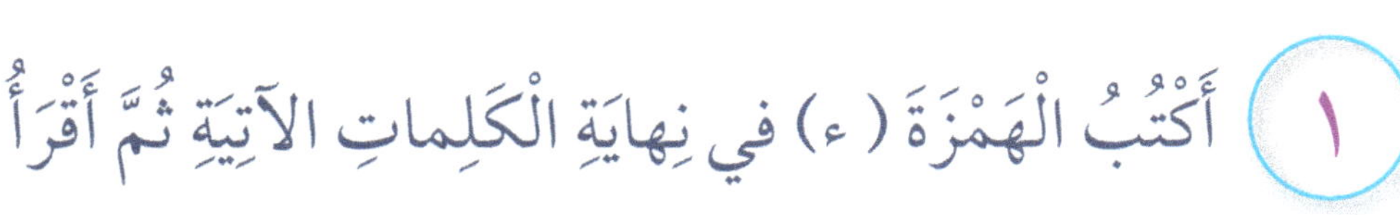

ذا... يَوْمٍ رَحَلْ... عَنْ قَرْيَتي غَيْرَ مُلْتَفِ... إِلى الْوَراءِ، وَها أَنا الْيَوْمَ بَعْدَ رَحيلي عَنْها حائِرٌ بَيْنَ جُدْرانٍ أَرْبَعَ... كَأَنِّي حَشَرَ...عالِقَ... في شِباكِ عَنْكَبو... تَتَوَقَّعُ الْمَوْ... في أَيِّ لَحْظَ... كَمْ أَشْتاقُ لِقَرْيَتي! اشْتَقْ... إِلى مِيا... الْبُحَيْرَ... الصَّافِيَ... فيها، إِلى وَجْ... أُمّي وَأَبي، بَلِ اشْتَقْ... إِلى وُجو... أَهْلِ قَرْيَتي جَميعِهِم ☐

٣ أَضَعُ عَلامَةَ التَّرْقيمِ الْمُناسِبَةَ في الْمُرَبَّعِ الْأَحْمَرِ أَعْلاهُ.

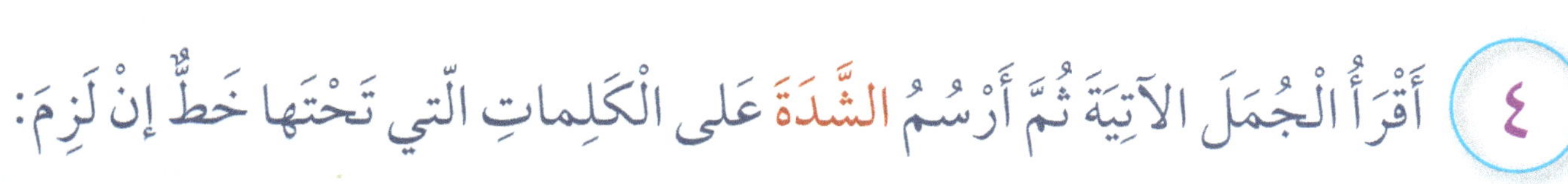

٤ أَقْرَأُ الْجُمَلَ الْآتِيَةَ ثُمَّ أَرْسُمُ الشَّدَةَ عَلَى الْكَلِمَاتِ الَّتِي تَحْتَهَا خَطٌّ إِنْ لَزِمَ:

أ قَدَمُ أَخِي تُؤْلِمُهُ، قَدَمَ لَهُ الطَّبِيبُ الْعِلَاجَ الْمُنَاسِبَ.

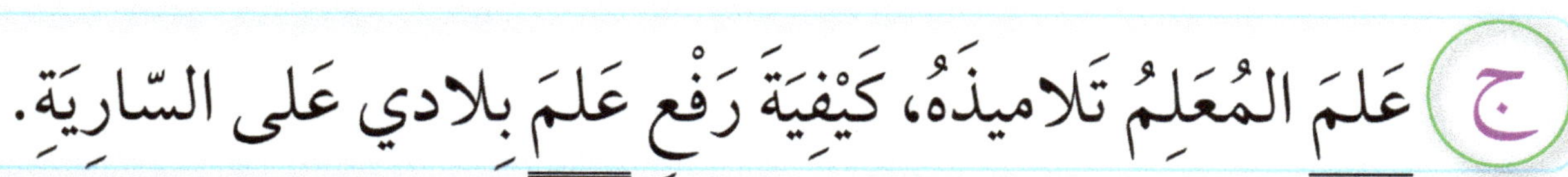

ج عَلَمَ الْمُعَلِّمُ تَلامِيذَهُ، كَيْفِيَةَ رَفْعِ عَلَمِ بِلادِي عَلَى السَّارِيَةِ.

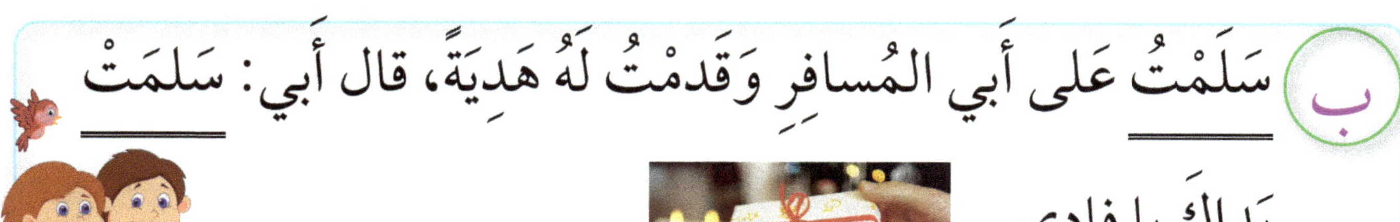

ب سَلَمْتُ عَلَى أَبِي الْمُسَافِرِ وَقَدَمْتُ لَهُ هَدِيَةً، قَالَ أَبِي: سَلَمَتْ يَدَاكَ يَا فَادِي.

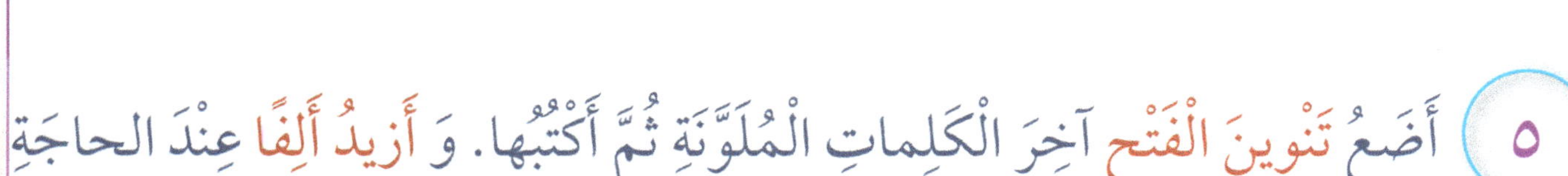

٥ أَضَعُ تَنْوِينَ الْفَتْحِ آخِرَ الْكَلِمَاتِ الْمُلَوَّنَةِ ثُمَّ أَكْتُبُها. وَ أَزِيدُ أَلِفًا عِنْدَ الحاجَةِ

١– اشْتَرَيْتُ حَقِيبَة جِلدية.

....

٢– شَرِبْتُ ماء صافي.

....

٣– صَوَّبْتُ خطأ واضِح.

....

٦ أُضيفُ تَنوينَ الضَّمِّ إلى الْكَلِماتِ الَّتي تَحْتَها خَطٌّ في العَمودِ (أ) وَتَنوينَ الْكَسرِ إلى الْكَلِماتِ الَّتي تَحْتَها خَطّانِ في العَمودِ (ب).

رَكِبْتُ على فَرَس سَريعَة	باب ضَخْم
ذَهَبْتُ إلى بُحَيْرَة جميلة	حَديقَة جَميلَة

٧ أَقْرَأُ الْكَلِماتِ الآتِيَةَ، ثُمَّ أَضَعُ (السّكونَ أو الشّدَة) فَوْقَ الْحَرْفِ الْمُناسِبِ حَيْثُ يَلْزَمُ، ثُمَّ أَمْلأُ الْجَدْوَلَ وِفْقَ الْمَطْلوب:

ألعابٌ	الْخِيارُ	الظبي	ألواحٌ	الجَمَلُ
الثَعْلَبُ	الأَوْلادُ	النَّباتاتِ	ألْوان

كَلِمات فيها ال من أَصْلِ حُروفِ الْكَلِمَة	كَلِمات فيها ال قَمَرِيَّةٌ	كَلِمات فيها ال شَمْسِيَّةٌ

أَمْلَأُ الْفَرَاغَ بِـ (ى ، ي) :

١ بَنَــ... جَدَّ... بَيْتًا جَمِيلًا لِلْعُصْفُورِ .

٢ يَبْنِـ... أَبــ... بَيْتًا جَمِيلًا لِلْكَلْبِ .

٣ عَصَــ... عَلَــ... وَالِدَتَهُ .

٤ يَعْصِــ... الْوَلَدُ أُمَّهُ .

٥ هُدَ... ، عَبْلَــ... ، سَامَــ... ، مُسْتَشْفَــ... ، سَلْو... ، رَامَــ... .

٩ أَمْلأُ الْفَرَاغَ بِـ (أَ ، أْ)

 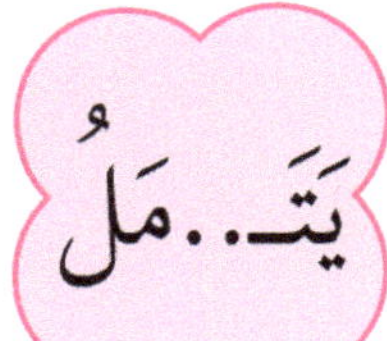 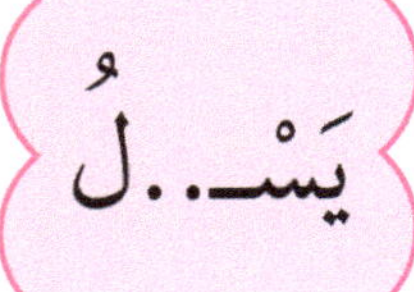

فَ..رُ — يَتَـ..رْجَحُ — يَتَـ..لَمُ — يَـ..مَلُ

يَـ..كُلُ — يَسْـ..لُ — يَتَـ..مَلُ — فَـ..سٌ

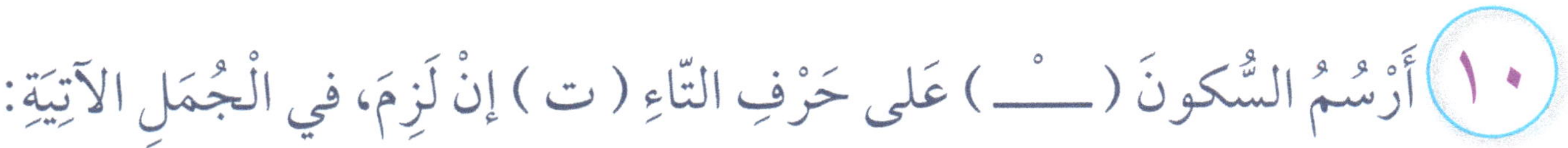

（١٠) أَرْسُمُ السُّكونَ (ـْـ) عَلى حَرْفِ التَّاءِ (ت) إنْ لَزِمَ، في الْجُمَلِ الآتِيَةِ:

（أ） كَتَبَتْ لينا في دَفْتَرِها كَمْ أُحِبُّ أُمِّي وَأَبي. وَكَتَبْت أَنا مِثْلَما كَتَبَتْ.

（ب） رَسَمْت في دَفْتَري زَهْرَةً جَميلَةً، وَرَسَمَت ياسَمينُ ياسَمينَةً زاهِيَةً.

（د） قَرَأْت قِصَّةً عَنِ التَّعاوُنِ وَتَأَثَّرْتُ بِها كَثيرًا، قَرَأَت تالَةُ قِصَّةً عَنِ الزُّهْدِ.

（ج） نَظَّفْت الْمَنْزِلَ مَعَ أَفْرادِ أُسْرَتي، نَظَّفَت هِنْد الْمَنْزِلَ مَعَ أَفْرادِ أُسْرَتِها.

١) أُرَتِّبُ الْكَلِماتِ الآتِيَةَ لِأُكَوِّنَ جُمَلَةً مُفيدَةً :

دُروسَهُ — في — خالِدٌ — دَرَسَ — الْمَكْتَبَةِ

- -

التَّقْديرِ — الطَّالِباتُ — عَلى — شَهاداتِ — حَصَلَت

- -

الْمَصْنَعُ — بابَ — الْعامِلُ — يَفْتَحُ

- -

- -

٢ أَكْتُبُ الْكَلِمَةَ الْمُنَاسِبَةَ فِي الْفَرَاغِ، مَعْ اسْمِ الْإِشَارَةِ الْمُنَاسِبِ، كَما فِي الْمِثالِ:

❋ هذا كِتابٌ جَديدٌ

❋ هذا كِتابٌ قَديمٌ

❋ ـــــــــــ أَشْجارٌ طَويلَةٌ

❋ ـــــــــــ أَشْجارٌ

❋ ـــــــــــ شارِعٌ واسِعٌ

❋ ـــــــــــ شارِعٌ

٣ أَلْعَبُ وَأَجْمَعُ وَ أَسْتَفيدُ:

س
ص
ن

ن

سائِحٌ

مُسافِرٌ

صَديقٌ

نَبْتَةٌ

٧٧

٤ أَسْتَخْرِجُ كَلِماتٍ تَدُلُّ عَلَى أَكْثَرَ مِنِ اثْنَينِ مِنَ الجُمَلِ الآتيةِ ، وَأَكْتُبُ أَسْماءَ تَدُلُّ عَلَى واحِدٍ في الْجَدْوَلِ :

كَلِماتٍ تَدُلُّ عَلَى أَكْثَرَ مِنِ اثْنَينِ	أَسْماءً تَدُلُّ عَلَى واحِدٍ
احْتَفَلَ الْمُواطِنونَ بِعيدِ الاسْتِقْلالِ .	
صَعِدَ الجُنودُ الدَّبابَةَ .	
إِنَّ التَلاميذَ مُبْدِعونَ .	

٥ أَقْرَأُ الْجُمَلَ الآتيةَ ثُمَّ أَختارُ الكَلِمَةَ المُناسِبةَ لِلفَراغِ :

الْمُشْرِقَةُ   السَّاخِنِ   ماهِرٌ   الْجائِعَةَ

١- الْبَطريقُ سَبّاحٌ ‐‐‐‐‐‐‐‐

٢- أَطْعَمَتِ الأُمُّ العَصافيرَ ‐‐‐‐‐‐‐‐

٣- الشَّمَسُ ‐‐‐‐‐‐‐‐ تَهَبُنا الدَّفْءَ شِتاءً.

٤- أَشْرَبُ كُلَّ يَوْمٍ كوبًا مِنَ الحَليبِ ‐‐‐‐‐‐‐‐

٦ أُكْمِلُ الْفَراغَ :

هُمْ   أَنْتِ   هُما   هُوَ   أَنْتُما   كُلُّ

❋ ....مُتَفَوِّقانِ.   ❋ ....يَطْبُخانِ طَعامًا لَذيذًا .

❋ ....يَسْهَرونَ عَلى راحَةِ الْمُواطِنِ.   ❋ ....صَديقَةٌ مُخْلِصَةٌ .

في نِهايَةِ كُلِّ أُسْبوعٍ نَجْلِسُ جِلْسَةً عائِلِيَّةً جَميلَةً مَعَ أَبي وَأُمّي، لِكَيْ نُناقِشَ ما سَوْفَ نَقومُ بِهِ مِنْ أَعْمالٍ في الْأُسْبوعِ الْمُقْبِلِ:

أ قالَ رامي: سَوْفَ أَدْرُسُ جَيِّدًا

لِأَفوزَ في الْبُطولَةِ .

ب قالَتْ تالَةُ: سَوْفَ أَتَدَرَّبُ جَيِّدًا على كُرَةِ الطّاوِلَةِ

لِأَسْتَغِلَّ وَقْتي في عَمَلٍ مُفيدٍ.

جـ قال مُحَمَّدٌ : سَوْفَ أُشاهِدُ التِّلْفازَ لِساعَةٍ واحِدَةٍ في الْيَوْمِ

لِأَحْصُلَ على عَلاماتٍ أَفْضَلَ مِنَ السّابِقِ.

٧ أَصِلُ السَّبَبَ بِالنَّتيجَةِ في الْجُمَلِ السّابِقَةِ:

٨ هَلْ تَسْتَطيعُ أَنْ تُرَتِّبَ أَسْماءَ الطُّلابِ وِفْقًا لِلْمَراكِزِ الَّتي احْتَلوها في السِّباقِ، كَما في الْمِثالِ :

	فازَ مُحَمَّدٌ بِالْمَرْكَزِ الأَوَّلِ

٩ أَضَعُ سُؤالًا مُناسِبًا لِلْإِجاباتِ الآتِيةِ :

أ كانَ الرّاعي يَحْفَظُ السَّمْنَ في الجَرَّةِ

السُّؤالُ : ـــــــــــــــــــ ؟

ب وُلِدَ الرَّسولُ مُحَمَّدٌ صَلَّى اللهُ عَلَيْهِ وَسَلَّمَ عامَ الفيلِ .

السُّؤالُ : ـــــــــــــــــــ ؟

جـ يَعيشُ الفيلُ سَبْعينَ سَنَةً .

السُّؤالُ : ـــــــــــــــــــ ؟

مثل : ❁ ما أَعْذَبَ الماءَ !   ❁ كَمْ أُحِبُّكِ يا أُمِّي !

١ وَالْآنَ أُعَبِّرُ عَمَّا يَأْتِي مُسْتَخْدِمًا أُسْلُوبَ التَّعَجُّبِ :

١- رَوْعَةُ الْأَزْهارِ

__________________ !

٢- جَمالُ الطَّبيعَةِ

__________________ !

٣- بُرودَةُ الْجَوِّ في الشِّتاءِ

__________________ !

٢ أُدْخِلُ اللَّامَ عَلى بِدايَةِ الْكَلِماتِ الْآتِيَةِ وَأُغَيِّرُ ما يَلْزَمُ كَما في الْمِثالِ:

الْمَدْرَسَةُ	لِلْمَدْرَسَةِ	الشَّمْسُ		اللَّيْلُ	

٣ أُدْخِلُ اللَّامَ عَلى الْكَلِماتِ الْمُلَوَّنَةِ وَأَكْتُبُها :

١- ذَهَبْتُ إِلى حَفْلَةِ صَديقَتي، وَقَدَّمْتُ (صَديقَتي) .... هَدِيَّةً.

٢- لَيْسَ (الْحوتُ) .... الْأَزْرَقِ أَسْنانٌ، وَ إِنَّما صَفائِحُ عَظيمَةٌ .

٣- (اللَّيمون) .... رائِحَةٌ جَميلَةٌ .

١) الْهَمْزَةُ في كَلِمَةِ (اسْتِخْدام) هِيَ:

أ) هَمْزَةُ قَطْعٍ   ب) هَمْزَةُ وَصْلٍ   ج) لا شَيْءَ مِمَّا ذُكِر

٢) هذِهِ الْكَلِماتُ أَحَدُ حُروفِها يُلْفَظُ وَلا يُكْتَبُ:

أ) الرَّحْمنُ   ج) لكِنَّ

ب) هذا   د) كُلُّ ما ذُكِر

٣) واحِدَةٌ مِنَ الْحُروفِ الآتِيَةِ لَيْسَ حَرْفَ جَرٍّ:

أ) مِن   ج) عَن   ب) ثُمَّ

د) إِلى   د) في

٤) عِنْدي ...... وَطُموحاتٌ كَثيرَةٌ، وَأَتَمَنّى تَحْقيقَها.

أ) أَعْمالٌ   ج) أَمَل

ب) آمالٌ   د) آلامُ

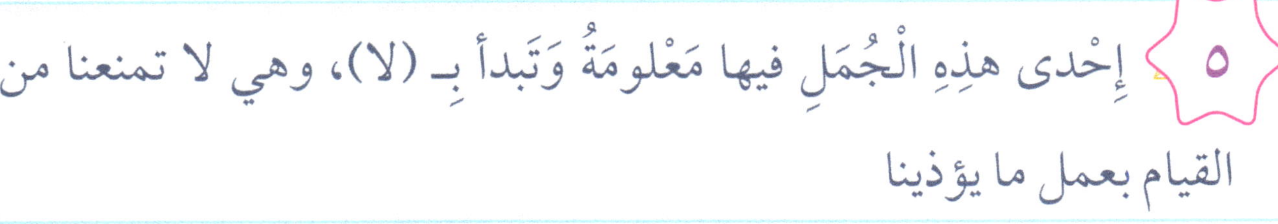

أ) لا تَتَناوَلِ الطَّعامَ قَبْلَ أَنْ تَغْسِلَ يَدَيْكَ، فَتُصابَ بالْمَرَضِ.

ب) لا يَنْجَحُ إِلّا الْمُجِدُّ.

جـ) لا تَلْعَبْ في الشّارِعِ، فَتُعَرِّضَ نَفْسَكَ لِلْخَطَرِ.

د) لا تُشاهِدِ التِّلْفازَ لِفَتَراتٍ طَويلَةٍ فَتُؤْذي عَيْنَيْكَ.

٦) إِحْدى الْعِباراتِ الآتيةِ سُؤالٌ لِلْإِجابَةِ (سافَرَ رامي في الْعُطْلَةِ):

أ) أَيْنَ سافَرَ رامي ؟

جـ) كَيْفَ سافَرَ رامي ؟

ب) متى سافَرَ رامي ؟

ب) هَلْ سافَرَ رامي ؟

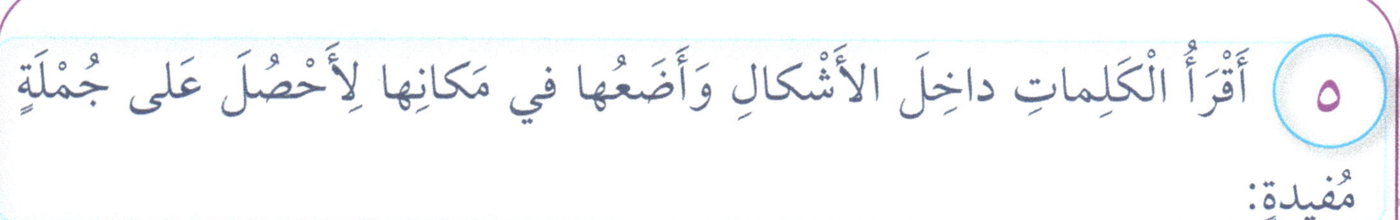

أ أَداةُ نِداءٍ

.... رامي. انْتَبِهْ وَأَنْتَ تَقْطَعُ الشَّارِعَ.

ب كَلِمَةٌ تَحْتَوي لامًا شَمْسِيَّةً

أَكَلَ أَبي ....

جـ عَلامَةُ التَّرْقيمِ

سَأَلَ الطَّبيبُ...هَلْ تَناوَلْتَ الْكَثيرَ مِنَ الْحَلْوى؟

د أَداةُ اسْتِفهامٍ

.............تَسْكُنُ؟ أَسْكُنُ في مَدينةِ الْقُدْسِ.

٦ أَقْرَأُ ثُمَّ أَرْسُمُ الْوَصْلَ في مَكانِهِ الصَّحيحِ، في الْفِقْرَةِ الآتِيَةِ :

وَفَقَتْ لينا أَمامَ الْمِرْآةِ، فَشاهَدَتْ أَسْنانَها السَّوْداءَ الّتي نَخَرَها السّوسُ، وَقالَتْ: ما أَبْشَعَ أَسْناني! تَأَلَّمَتْ وَذَهَبَتْ إلى الْمُسْتَشْفى ثُمَّ دَخَلَتْ إلى عِيادَةِ طَبيبِ الأَسْنانِ، عالَجَ الطَّبيبُ لينا، وَقالَ: أَنْتِ يا صَغيرتي تَأْكُلينَ الْكَثيرَ مِنَ الْحَلوى. أَرْجوكِ أَنْ تُقَلِّلي مِنْ تَناوُلِ الْحَلوى، والْإِكْثارِ مِنْ تَناوُلِ الطَّعامِ الْمُفيدِ (الْخُضارِ والْفاكِهَةِ)، لِتُحافِظي على صِحَّةِ أَسْنانكِ .

٧ أَسْتَخْرِجُ مِنَ النَّصِّ السّابِقِ كَلِمَةً فيها :

فيها تاءٌ مَرْبوطَةٌ :	تاءٌ مَفْتوحَةٌ :
أَداةُ تَعَجُّبٍ :	عَلامَةُ تَعَجُّبٍ :
ثَلاثُ عَلاماتِ تَرقيمٍ :	لامٌ قَمَرِيَّةٌ :
لامٌ شَمْسِيَّةٌ :	في نِهايَتِها ياءٌ :

كَلِمَةٌ فيها هَمْزَةٌ مُتَوَسِّطَةٌ على أَلِفٍ: ______

في نِهايَتِها أَلِفٌ مَقْصورَةٌ: ______

٨ أَسْتَخْدِمُ أُسْلوبَ التَّعَجُّبِ لِكُلٍّ مِمّا يَأْتي، وَلا أَنْسَ عَلامَةَ التَّعَجُّبِ آخِرَ الجُمْلَةِ (!) كَما في الْمِثالِ:

١ لُعْبَةٌ رائِعَةٌ

ما أَرْوَعَ اللُّعْبَةَ! ____________

٢ وردةٌ جميلةٌ

____

٣ نمرٌ سريعٌ

____

٩ أَضَعُ الْجَمْعَ الْمُنَاسِبَ في الفَرَاغِ ثُمَّ أَقْرَأُ:

الصُّحونَ   الْمَلاعِقَ   الأَكْوابَ   الأَشواكَ   أَبْناءَها   الأَباريقَ .

رَجَعَتِ الأُمُّ مِنَ السّوقِ وَ سَأَلَتْ .... وَسيمًا وَ سَلْمى وَسَعيدًا:

هَل غَسَلْتُم ....؟

أَجابَ وَسيمٌ: نَعَم أَنا غَسَلْتُ ....

وَ قالَتْ سَلْمى: أَنا غَسَلْتُ ....

وَ قالَ سَعيدٌ: أَنا غَسَلْتُ .... وَ ....

شَكَرَتِ الأُمُّ أَبْناءَها عَلى حُسْنِ تَعاوُنِهِم .

نصوص القراءة
الفهم والاستيعاب

نصوص القراءة – الفهم والاستيعاب

الدرس	اسم الدّرس	رقم الصفحة
– الدرس التاسع	الرِّياضَةُ وَالصِّحَّةُ	٩٠
– الدرس العاشر	الثَّعْلَبُ وَالدّيكُ	٨٦
– الدرس الحادي عشر	كَلْبُ الرّاعي	٩٩
– الدرس الثاني عشر	ضِرارُ بنُ الأَزْوَر	١٠٤
– الدرس الثالث عشر	أَهَمِّيَّةُ العَمَلِ	١٠٨
الدرس الرابع عشر	جِراهام بِل	١١٣
الدرس الخامس عشر	في الأُرْدُنِّ عُرْسٌ	١١٨
الدرس السادس عشر	مِنَ المَهْدِ إلى اللَّحْدِ	١٢٢

الْعِلْمُ هُوَ عَكْسُ الْجَهْلِ، وَالْجَهْلُ هُوَ عَدَمُ الْمَعْرِفَةِ، الْجَهْلُ ظَلَامٌ دامِسٌ، وَالْعِلْمُ يُنيرُ الدَّرْبَ، وَيَهْدي إِلَى الصَّوابِ، وَالْجَهْلُ ضَلَالَةٌ يُودي بِصاحِبِهِ إِلَى الْهَلَاكِ.

وَ إِجْلالًا لِطالِبِ الْعِلْمِ وَرِجالِهِ، جَعَلَ اللهُ تَعالى الْعُلَماءَ وَرَثَةَ الْأَنْبِياءِ، فَهُمْ أَوَّلُ مَنْ يَخْشى اللّهَ وَأَوَّلُ مَنْ يَتَّبِعونَ طَريقَهُ.

وَلِأَهَمِّيَّةِ الْعِلْمِ أَمَرَ اللّهُ تَعالى أَنْبِياءَهُ ضَرورَةَ بَيانِ أَهَمِّيَّةِ الْعِلْمِ لِلنّاسِ أَجْمعينَ. وَعَلى نَفْسِ الطَّريقِ سارَ الرَّسولُ ﷺ، وَ دَعا إِلَى الْاسْتِمْرارِ في طَلَبِ الْعِلْمِ، مِنَ الْوِلادَةِ وَحَتّى الْمَوْتِ، حَيْثُ قالَ: اطْلُبِ الْعِلْمَ مِنَ الْمَهْدِ إِلَى اللَّحْدِ، وَطَلَبَ مِنَ الْمُؤْمِنينَ الْهِجْرَةَ إِلى طَلَبِهِ مَهْما بَعُدَ الْمَكانُ، فَقالَ: اطْلُبِ الْعِلْمَ وَلَوْ في الصّينِ.

الْقَامُوسُ اللُّغَوِيُّ:

١ أَفْهَمُ وَأَسْتَوْعِبُ: أَقْرَأُ الْجُمَلَ الْآتِيَةَ وَأَفْهَمُ مَعَانِيَ الْمُفْرَدَاتِ الَّتِي تَحْتَهَا خَطٌّ، وَأَسْتَخْدِمُهَا في جُمْلَةٍ تُعَبِّرُ عَنْ فَهْمِي لِلْمَعْنى:

❀ ظَلامٌ دامِسٌ: انْطَفَأَ الْمِصْباحُ وَعِشْنا في ظَلامٍ دامِسٍ.

❀ حينَ يَغيبُ الْقَمَرُ يَعُمُّ ظَلامٌ دامِسٌ.

❀ الصَّوابُ: قالَ الْمُعَلِّمُ عَلَيْنا أَنْ نَتَّبِعَ الصَّوابَ وَلا نُخْطِئَ.

❀ الْإِنْسانُ الصَّادِقُ، هُوَ مَنْ يَقولُ الصَّوابَ.

❀ الضَّلالَةُ: ضَلَّ الطِّفْلُ الطَّريقَ فَضاعَ وَلَمْ يَصِلْ إلى الْبَيْتِ.

❀ انْطَفَأَ ضَوْءُ السَّيَّارَةِ لَيْلًا، فَضَلَّ السّائِقُ الطَّريقَ.

---

٢ جاءَ في النَّصِّ كَلِماتٌ مَفْرَدَةٌ، أَكْتُبُ جَمْعَها، وَكَلِماتٌ عَلى شَكْلِ جُموعٍ أَكْتُبُ مُفْرَدَها.

فَريضَةٌ	مَكانٌ ....
مُؤمِنةٌ	عُلَماءُ ....
طَريقٌ	المُؤْمِنونَ ....
	الأَنْبِياءُ ....

دليل التعامل مع كتاب صديقي في اللغة العربية

نود الإشارة إلى أن كتاب صديقي في اللغة العربية قد تم طباعة أول نسخة منه في عام ٢٠٠٩ حتى الآن، وقد تمّ تعديله وفق منهاج التَّربية والتَّعليم الجديد، وبناءً عليه، نود أن نضع بين أيديكم أفضل الطّرق للتعامل مع هذا الكتاب بجانب منهاج التربية والتعليم للحصول على أقصى فائدة ممكنة .

قُسِّمَ الكتاب الى أربعة أقسام ، يشترك فيها كلّ من المدرسة والطَّالب والبيت:

القسم الاول:

يتمّ حل تمرينات الكتاب مباشرة بمجرد انتهاء المعلمة من شرح الموضوع ، من كتاب التَّربية ، بحيث أنه بعد الانتهاء من حل التَّمرين من الكتاب الوزاري يتم الانتقال إلى حل التمرين الموافق له في كتاب التَّطبيقات (صديقي في اللغة العربية).

القسم الثاني:

يتم إرسال تمارين كواجب بيتي ، ويتم أخذ تغذية راجعة من الأمّ هل استطاع الطَّالب أن يحل بمفرده أم أنه يحتاج إلى إعادة شرح للمهارة ؟

القسم الثالث:

يُترك حتى يقوم الطَّالب بحله أثناء الدّارسة والاستعداد للامتحان ، حتى لا تَجتهد الأمّ في وضع تمارين كي تتأكد من فهمه للمهارة .

القسم الرابع

هو عن طريق عمل اختبارات قصيرة للطلاب من قبل المعلمة مباشرة بعد الانتهاء من شرح المهارة ، وحل التطبيقات عليها ، وبذلك تتأكد من مدى فهم الطلاب للمهارات التّي تم الانتهاء من شرحها، وأخذ تغذية راجعة سريعة، وبالتالي مساعدة الطّلاب الأقل فهمًا للمهارة بإعادة الشرح المباشر لهم، أما باقي الطلاب المتمكنين منها يأخذون بعض الأنشطة في الاستيعاب وغيرها، دون أن يشعروا بالملل من التكرار، والفائدة المرجوة من هذا البند هو أن لا تنتظر المعلمة الامتحان الشهري أو النّهائي كي تتعرف على نقاط الضعف عند طلابها .

المشاركة الفاعلة بين الأهل والمدرسة تساعد في الحصول على أفضل النّتائج، خاصة في مراحل الدّراسة الأساسية الدّنيا ، بشرط أن لا تشكل عبئا كبيرا على الأهل والطّلاب، لكي يجدوا متسعا للحياة الاجتماعية، وباقتراحتنا أعلاه فتحنا المجال لمشاركة الأهل الفاعلة غير المتعبة التي تساعد الطّالب على أن يتعلم الاعتماد على نفسه في أثناء الدّراسة .

ما يفيد العمل التشاركي بينهم

يجب أن يتم شرح الطّريقة التي سوف تتبعها المدرسة في التعامل مع الكتاب للأهل أيًا كانت الطّريقة ، لكي يتعاون ويتشارك الأهل مع المدرسة للإستفادة القصوى من تطبيقات الكتاب، وأن لا يشكل عبء على أيّ طرف في العملية التّعليمة التّشاركية، والعمل المشترك على رفع مستوى الطّالب وتحصيله وبالتّالي زيادة ثقته في نفسه .